FEIERABEND-BLITZREZEPTE EXPRESS

mdr
BECKER JOEST VOLK VERLAG

CHRISTIAN HENZE

FEIERABEND-BLITZREZEPTE

EXPRESS

Gebratene Lachswürfel Orient-Style

Eisberg-Bowl mit Honig-Bacon und Ei

Brezel-Bowl mit Beef und Eisbergsalat

BBQ-Steaks mit Shiitake und Kidneybohnen

Frischkäsenuggets auf Tomatensalat

Salsiccia-Pfanne mit grünem Spargel

Quesadillas mit Avocado und Hähnchen

Gratinierte Lachs-Avocado mit Eigelb

Avocado-Ananas-Salat mit pochiertem Ei

INHALT

Schlank geht auch anders Viele Rezepte in diesem Buch sind gut für die „Schlank geht auch anders"-Challenge geeignet. Sie sind besonders gekennzeichnet. Wer mehr erfahren will, findet meine „Schlank geht auch anders"-Gruppe bei Facebook. Umfangreiche Infos zum gleichnamigen Buch findest du auf www.bjvv.de unter „Kochen".

Blitzschnell satt und glücklich werden

Jeder kennt das: Man kommt nach einem langen Tag am Abend erschöpft von der Arbeit nach Hause und sehnt sich nach einem leckeren Abendessen, das blitzschnell und mit möglichst wenig Aufwand zubereitet ist. Ich verspreche dir: Das lässt sich mit meinen neuen Expressrezepten schneller denn je umsetzen. Mit diesem Buch ist es wirklich nicht mehr nötig, zum Feierabend noch lange in der Küche zu stehen. Ich gebe dir Rezepte an die Hand, mit denen du in weniger als 15 Minuten ein gesundes, leckeres Gericht zubereitest – easy, entspannt und unkompliziert.

Mein Geheimnis für einen herrlich entspannten Abend mit Kochen zu Hause lautet: wenig Aufwand beim Zubereiten und maximaler Genuss. Mit diesem Buch möchte ich dir zu vielen solcher Abende verhelfen. Komme mit der Familie oder Freunden zusammen und redet, lacht und schlemmt gemeinsam!

Ich habe es schon immer geliebt, zu Hause für meine Familie zu kochen. Und es ist mir ein großes Anliegen, Kochfans wie dir kulinarische Glücksmomente zu verschaffen. Deshalb durften meine Kinder und meine Frau als Erste die 70 neuen, wunderbaren Rezepte probieren, die ich für dich entwickelt habe. Sie gelingen einfach immer und schmecken saumäßig gut. Mein ganz persönliches neues Lieblingsgericht sind übrigens gebratene Lachswürfel Orient-Style.

Wenn es bei dir zu Hause mal schnell gehen muss, lass dich von der Fülle alltagstauglicher Rezepte in diesem Buch inspirieren. Gönne deinen Lieben und dir in Zukunft einfach – wie ich auch – blitzschnellen und gesunden Genuss!

Herzlich, dein
Christian Henze

Weniger Aufwand – mehr Geschmack

Wer viel vorhat, möchte nicht zu viel Zeit in der Küche verbringen. Der moderne Alltag ist anspruchsvoll und wer dem Job, der Familie und auch noch dem einen oder anderen Hobby gerecht werden will, dem bleibt oft kaum noch Zeit zum Kochen – erst recht nicht dafür, gesund zu kochen. So fehlt uns oft die Zeit, unserem Körper das zu geben, was er braucht. Wie lässt sich das ändern? Anstatt das Leben umzukrempeln, auf Aktivitäten zu verzichten und mehr Zeit in der Küche zu verbringen, habe ich mich lieber auf jene hilfreichen Handgriffe fokussiert, die Arbeit beim Zubereiten sparen und dabei helfen, trotz unserer begrenzten Zeitressourcen ein köstliches und gesundes Essen auf den Tisch zu bringen. Alltagstauglichkeit ist die Devise, um weiterhin das Leben so gestalten zu können, wie man es möchte – aber bitte trotzdem gesund und frisch.

Schon für mein erstes „Feierabend-Blitzrezepte"-Buch hatte ich Rezepte konzipiert, die besonders schnell und einfach zu machen sind und trotzdem vollen Genuss bieten. Richtig gute Feierabendküche eben, die jeder hinbekommt und auf die man sich jeden Tag freuen kann, weil sie so vielfältig ist und großartig schmeckt. Und dabei ist sie sogar gesund! Das Feedback auf das erste Buch war unglaublich! Die vielen positiven und begeisterten Rückmeldungen der Leserinnen und Leser haben mich sehr bewegt. Schnell fiel auf, dass ausgerechnet die kürzesten und einfachsten Gerichte besonders viele Fans haben. Das hat mich richtig motiviert, noch eins draufzusetzen und das Thema weiter zu vereinfachen, die Rezepte noch schneller zu machen, ohne dabei an Geschmack einzubüßen. Der Kochaufwand sollte deswegen auf ein Minimum reduziert werden – keine Zubereitung dauert länger als 15 Minuten. Gleichzeitig musste das Ergebnis meinem Anspruch an gesundes und köstliches Essen zu 100 Prozent genügen. Eine echte Challenge, die ich nur zu gern angenommen habe! So sind nun echte Schlemmergerichte dabei, genauso wie leichte Küche und Familientaugliches – genau die Auswahl, die auch für mich einen abwechslungsreichen kulinarischen Feierabend ausmacht.

Alle Rezepte in diesem Buch kommen mit maximal fünf Zutaten aus, die zusätzlich zu den üblichen Vorräten, die in jeder gängigen Küche vorhanden sind, eingekauft werden müssen. Denn Salz, Zucker, Mehl und Butter hat normalerweise jeder da, sodass du dich darum überhaupt nicht mehr kümmern musst. Wirf am besten vorab einen Blick auf die Grundzutaten auf Seite 10 und prüfe deine Vorräte, um jederzeit startklar zu sein.

Einfachste Rezepte zu entwickeln ist eine Spezialdisziplin, die man als Koch am besten im Alltag perfektionieren kann. Schnell und mit wenigen Zutaten zu kochen habe ich jahrelang als Privatkoch von

Maximal 15 Minuten Zubereitung und maximal 5 Zutaten einkaufen.

Gunter Sachs, einem der bekanntesten Jetset-Promis seiner Zeit, trainiert. Wenn er mit seinen illustren, stets hungrigen Gästen zu Hause einfiel, musste in kürzester Zeit etwas auf den Tisch gezaubert werden, egal, zu welcher Uhrzeit – und natürlich aus vorhandenen Zutaten. Da vorher nie klar war, wie viele Gäste kommen und mit welchen Vorlieben ich rechnen musste, wurde die „schnelle Nummer auf höchstem Niveau" zu einer Art Spezialdisziplin für mich.

Auch heute muss es bei mir oft schnell gehen, die Zeit ist knapp und gerade weil sich bei mir beruflich alles ums Essen dreht, ist mir abends häufig nicht mehr danach, stundenlang in der Küche zu stehen. Zwischen Restaurant, TV-Terminen, Caterings, dem Schreiben von Büchern und Familie habe ich in der Woche oft gar keine andere Wahl. Doch auch bei meiner schnellen Küche ist das Allerwichtigste: Gut schmecken muss es.

So fiel es mir relativ leicht, aus meinem persönlichen Feierabendfundus die besten Rezepte für dieses Buch zusammenzustellen. Zusätzlich hat es mir große Freude bereitet, neue Kreationen zu entwickeln und bestehende Rezepte so zu vereinfachen und auf ihren Kern zu reduzieren, dass sie mir manchmal sogar besser schmecken als das aufwendigere Original. Viele dieser Gaumenfreuden gibt es jetzt regelmäßig zum Familienfeierabend und sind echte Lieblingsgerichte bei uns geworden.

Für das eigene Nachkochen gilt lediglich, ein paar praktische Tipps zu beachten und – wann immer möglich – auf eine hohe Qualität bei den Lebensmitteln zu achten. Die Rezepte sind schnell und modern, sie sind köstlich und gesund, überraschend und abwechslungsreich, aufregend und unkompliziert. Und vor allem sind sie unglaublich lecker. Denn das Einzige, woran wirklich gespart wird, ist Zeit.

Keine langen Zutatenlisten, kein zeitaufwendiger Einkauf: Alle Expressgerichte gehen selbst Ungeübten einfach und schnell von der Hand. So sind sie perfekt für den Feierabendhunger, für Berufstätige, für junge Eltern, für Freigeister und sogar für Kochmuffel.

Die Zutaten für die Gerichte in diesem Buch sollten alle im normalen Supermarkt erhältlich sein. Das notwendige Equipment sollte jeder zu Hause vorfinden. Denn selbst zu kochen soll vor allem Freude und Genuss bringen und nicht in Besorgungsstress ausarten. Damit das gelingt, gebe ich dir auf den folgenden Seiten einige praktische Tipps und persönliche Tricks an die Hand. Es lohnt sich, die Einkaufstipps und die Hinweise zu Küchenorganisation und Expresszutaten zu lesen. Wenn du sie berücksichtigst, kann gar nichts mehr schiefgehen, und du wirst dich wundern, wie simpel gesunder Genuss funktionieren kann.

Ruckzuck ist der Single-Feierabend, das Familienabendessen oder auch der gemeinsam gedeckte Tisch mit Freunden zur Freude aller fertig angerichtet. Guten Appetit!

Kleine Tricks, große Zeitersparnis

ORGANIZE IT!

Wann hast du zuletzt deinen Vorratsschrank ausgemistet? In der Restaurantküche ist das selbstverständlich und sogar zu Hause habe ich mir angewöhnt, in regelmäßigen Abständen abgelaufene Lebensmittel sowie Fehlkäufe und ungesunde Zutaten auszusortieren.

Um auch spontan und unter Zeitdruck immer startklar zu sein, ist es unausweichlich, einige Grundzutaten immer vorrätig und vor allem auch griffbereit zu haben. Je übersichtlicher und besser sortiert du deine Zutaten organisierst, umso schneller kannst du jederzeit etwas Köstliches auf den Tisch zaubern.

GRUNDZUTATEN

Folgende Grundzutaten habe ich für meine Expressrezepte immer im Zugriff. Wenn du dich damit eindeckst, hast du schon eine sehr gute Grundlage geschaffen, um dich entspannt und mit minimalem Zeitaufwand durch die Rezepte dieses Buches zu kochen. Viele dieser Lebensmittel sind ohnehin Teil jeder Küche – im besten Fall sind sie lange haltbar und vielseitig einsetzbar.

Salz Ich bevorzuge meistens grobes Meersalz, je nach Anwendung aus einer Salzmühle.

Schwarzer Pfeffer Den solltest du möglichst immer frisch gemahlen verwenden.

Zucker Wer lieber Alternativen benutzen möchte, kann das gern tun. Ich verwende hin und wieder kleine Mengen Zucker – letztlich einen Minibruchteil dessen, was in vielen industriell hergestellten Gerichten verarbeitet wird. Für die Rezepte im Buch brauchst du vereinzelt auch mal braunen Zucker oder Puderzucker.

Gemüsebrühe Zum Würzen, insbesondere von Suppen, in Pulverform oder als Fond aus dem Glas. Beim Kauf möglichst auf Bioprodukte ohne Geschmacksverstärker setzen.

Tomatenmark Auch hier reicht ein preiswertes Produkt, doppelt konzentriert. Tuben haben den Vorteil, dass der Inhalt nicht eintrocknet.

Senf Ein feiner Dijonsenf passt immer, du kannst aber ebenso gut einen ganz normalen mittelscharfen Senf aus der Tube verwenden.

Knoblauch Ist sehr gesund, gibt vielen Gerichten das gewisse Etwas und lässt sich problemlos lagern. Kühl, trocken und luftig aufbewahrt hält sich vorgetrockneter Knoblauch mehrere Monate.

Butter Butter bringt viel Geschmack ans Essen und wird mittlerweile auch in der Ernährungswissenschaft als gutes und gesundes Fett anerkannt. Zum Kochen genügt eine einfache, preiswerte Butter.

Olivenöl Für Salate nehme ich gern mildes, kalt gepresstes Olivenöl und zum Braten ein günstiges, raffiniertes Olivenöl (nicht nativ), das ausdrücklich dafür empfohlen wird.

Pflanzenöl Einfaches Weizenkeim- oder Sonnenblumenöl, das fast jeder zu Hause hat, tut es allemal. Entscheide nach deinem Geschmack!

Essig Beim Essig lohnt es sich, in gute Qualität zu investieren. Für dieses Buch habe ich vor allem Balsamico-Essig verwendet, sowohl dunklen als auch hellen. Generell empfiehlt es sich auch, immer etwas neutrale Essigessenz im Haus zu haben für alle Fälle.

Mehl Das gängige Weizenmehl Type 405 reicht völlig aus, alternativ kannst du Type 550 verwenden. Am besten immer gut verschlossen lagern und nicht ewig aufbewahren.

Speisestärke Verwende ich hier, um meine süße Chilisauce anzudicken. Achte darauf, das Pulver gleichmäßig in die Flüssigkeit einzurühren, damit sich keine Klümpchen bilden.

EXPRESSWISSEN

Ruckzuck-Alternativen Für viele Lebensmittel gibt es Alternativen, die ähnlich einsetzbar, dabei aber sehr viel einfacher und schneller zuzubereiten sind. Die perfekten Zutaten für unsere Expressküche! So garen Süßkartoffeln um einiges schneller als normale Kartoffeln und enthalten auch noch weniger Kalorien. Die geschälten roten oder gelben Linsen werden dreimal so schnell gar wie ungeschälte Tellerlinsen, Berglinsen oder Pardinalinsen.

Sofort startklar Alle Zutaten, die gar nicht gegart werden müssen, bringen den Zeitvorteil schon mit – sei es die Honigmelone, die schnell aufgeschnitten wird, die Burrata, die nur darauf wartet, köstlich mariniert zu werden, oder die Kichererbsen, die vorgegart sofort zur weiteren Verarbeitung einsetzbar sind. So lässt sich kostbare Zeit auf dem Herd oder im Ofen einsparen.

Ungeschält Bei manchen Gemüsesorten wie grünem Spargel oder Hokkaido-Kürbis können wir davon profitieren, dass das Schälen entfällt, was enorm Zeit einsparen kann. Außerdem ein schöner Nebeneffekt: Du hast kaum Abfälle zu entsorgen.

Effizient statt perfekt Gemüse schnibbeln ist kein Schönheitswettbewerb! Es macht absolut gar nichts, wenn nicht jede Kante deines Gemüsewürfels exakt gleich lang ist. In der Expressküche geht es vor allem um großartigen Geschmack bei wenig Aufwand.

Kleiner gleich schneller Generell gilt: Je kleiner Gemüse geschnitten wird, desto schneller wird es gar. Darum lohnt es sich tatsächlich, ein wenig mehr Zeit in das Schnibbeln zu investieren. Besonders bei harten Gemüsesorten wie Möhren, Kürbis und Kartoffeln kannst du auf diese Weise schnell mal die halbe Garzeit einsparen.

Natron statt Salz Bloß kein Salz ins Kochwasser von Hülsenfrüchten geben! Dann brauchen sie ewig. Dagegen lässt sich die Kochzeit von Linsen, Kichererbsen und Co. um gut die Hälfte reduzieren, wenn du etwas Natron zum Wasser gibst. Schöner Nebeneffekt: Natron macht auch die Farben von grünen Gemüsesorten intensiver und appetitlicher, zum Beispiel bei Spargel und Brokkoli.

Übersicht der Grundzutaten

Gut geplant ist halb gekocht

ENTSPANNT BLEIBEN

Kochen ist eine Multitasking-Aufgabe und es ist gar nicht selbstverständlich, dabei immer tiefenentspannt zu bleiben. Damit das Hantieren in der Küche nicht in Stress ausartet, solltest du dir vorab ganz in Ruhe alle notwendigen Schritte überlegen. Lege dir vorher alle Zutaten und benötigte Hilfsmittel zurecht, dann wird dir alles sehr viel leichter von der Hand gehen. So zu kochen ist nicht nur viel entspannter, sondern auch schneller und bringt am Ende meist das bessere Ergebnis hervor.

Das schließt auch ein, sich manchmal flexibel den Umständen anzupassen. Du hast beim Einkauf etwas nicht bekommen? Du hast noch etwas zu Hause, das verbraucht werden sollte? Bestimmt findest du im Buch Rezepte, in denen du deine Reste mitverarbeiten kannst. Du musst dich auch nicht immer streng an die Rezepte halten. Werde kreativ, lass dich von meinen Rezepten inspirieren und wandle sie ab und zu nach deinem persönlichen Geschmack ab.

STRESSFREI PLANEN

Es lohnt sich, das Rezept einmal von vorn bis hinten durchzulesen, dann kommst du beim Kochen wesentlich besser zurecht und vermeidest Überraschungen. Alle Rezepte im Buch sind gut überschaubar und schnell zu erfassen, sodass es dir leicht fallen sollte, alles im Blick zu behalten. Nimm bei Bedarf auch Klebezettel oder dein Smartphone zur Hilfe, um Tipps, Rezepte und Zutatenlisten sofort zu notieren.

Überlege, ob es sich lohnt, gleich größere Mengen vorzubereiten, die du vielleicht am nächsten Tag einsetzen kannst. Das ist beispielsweise bei Zwiebeln, gehackten Kräutern, gekochten Eiern und vielen anderen Lebensmitteln sinnvoll. Gekochte Nudeln oder Kartoffeln können 2–3 Tage im Kühlschrank aufbewahrt werden – eine ideale Grundlage, um sich daraus schnell einen sättigenden Salat für den nächsten Lunch zuzubereiten.

Schreibe deine Einkaufsliste passend zu den Abteilungen des Geschäfts, in dem du einkaufst. Also Obst- und Gemüsesorten untereinander, gekühlte Produkte untereinander. So vermeidest du im Supermarkt unnötiges Hin-und-Herlaufen.

CLEVER EINKAUFEN

Alltagsbesorgungen rauben Zeit und machen nicht jedem Spaß. Ausnahmen sind vielleicht die Beratung im Feinkostgeschäft und der entspannte Einkauf auf dem Wochenmarkt. Ansonsten ist unser Expressziel, so wenig Zeit wie möglich mit dem Einkaufen zu verbringen. Mit guter Planung, so wie beschrieben, kriegst auch du das hin.

Achte darauf, dass deine Vorräte an haltbaren Grundzutaten (siehe Seite 10) nicht ausgehen! Wenn du etwas verbrauchst, ersetze es möglichst bald. Dafür reicht ein Besuch im Supermarkt um die

Ecke – am besten, wenn du dort ohnehin etwas einkaufen musst.

Besorge ausgefallenere Zutaten, die du nur in ausgesuchten Läden bekommst, wie einen besonders guten Essig oder ein tolles Olivenöl, am besten auf einmal, damit du nicht mehrfach rennen musst.

Kaufe möglichst frisch! Der Aufwand ist bei den wenigen Zutaten, die du für die Expressrezepte benötigst, überschaubar. Frisch geerntete Lebensmittel mit kurzen Transportwegen enthalten mehr Nährstoffe und mehr Geschmack als solche, die lange Wege und Lagerzeiten hinter sich haben.

Achte auf Qualität, saisonale Angebote und regionale Herkunft, sofern deine Zeit es zulässt. Bioqualität ist immer ein Plus, muss aber nicht bei jedem Produkt sein. Nutze fachlich kompetente Beratung an Frischetheken, in Fachgeschäften und auf dem Markt! Frag ruhig nach, wenn du bei einem neuen Produkt unsicher bist! Dafür stehen die Mitarbeiter und Verkäufer in aller Regel gern zur Verfügung.

Eine gute Alternative ist Tiefkühlware. Erntefrisch und ohne Salz, Zucker oder sonstige Zusatzstoffe eingefroren, können TK-Gemüse, TK-Obst und TK-Kräuter sogar nährstoffreicher sein als die Ware, die man vermeintlich frisch, aber nach langem Transportweg im Supermarkt bekommt. TK-Ware bietet einen großen Planungsvorteil und ist ein gutes Backup, falls du mal keine Zeit zum Einkaufen hast. Denke hierbei nur daran, die Zutaten rechtzeitig zum Auftauen aus dem Gefrierfach zu nehmen. Einige Lebensmittel wie Erbsen und Spinat können gefroren direkt in den Kochtopf, Fleisch oder Fisch sollte dagegen langsam aufgetaut werden.

DIGITALE HILFSMITTEL NUTZEN

Apps und Websites können dich bei Einkauf und Zeitmanagement sinnvoll unterstützen:

www.mengenrechner.de In diese kostenlos vom Verlag bereitgestellte Website ist „Feierabend-Blitzrezepte Express“ bereits mit allen Rezepten und Nährwerten eingepflegt. Nachdem du das Buch aktiviert hast, sind die fertigen Einkaufslisten zu den Rezepten direkt verfügbar und können je nach vorhandenen Vorräten und zusätzlichen Besorgungen angepasst und aufs eigene Smartphone geschickt werden. Auch die Mengen für mehr oder weniger Personen werden direkt für die Einkaufsliste umgerechnet. Praktisch: Du kannst gezielt Rezepte heraussuchen, in denen Zutaten vorkommen, die du gerade verbrauchen möchtest.

Bring! Eine App, in der Einkaufslisten erstellt und geteilt werden können. Beinhaltet aktuelle Prospekte gängiger Supermärkte, Drogerien etc. Ist auch mit der Smartwatch synchronisierbar.

HNGRY Auch eine Einkaufs-App, deren Listen man teilen kann. Merkt sich dein Einkaufsverhalten und macht so Vorschläge für die nächste Liste.

Remember the Milk In der Organisations-App lassen sich Listen für alle Zwecke erstellen, priorisieren, mit Orten und Kontakten verknüpfen und mit Erinnerungsfunktion terminieren.

Tipps und Tricks für die stressfreie schnelle Küche

MACH DICH STARTKLAR!

Die Küche ist ein Arbeitsplatz und sollte im besten Fall auch so ausgerüstet und strukturiert sein. Das geht ganz einfach und unkompliziert – schon mit ein klein wenig Organisation vorab geht dir das Kochen viel leichter und schneller von der Hand.

- Lies das Rezept einmal von vorn bis hinten durch und lege alle Lebensmittel und Küchenhilfen zurecht, solange die Hände noch sauber und fettfrei sind. Organisiere dein Küchenumfeld so, dass du alles in Griffweite hast. Alles, was länger nicht gebraucht wird, hat auf der Arbeitsplatte nichts zu suchen. Viel wichtiger ist es, ausreichend Platz zum Abstellen von heißen Pfannen, Töpfen und Blechen zu haben.
- Mach es wie die Profis! „Mise en place" bedeutet, dass vor dem Kochen nicht nur alles bereitgestellt wird, auch alles Weitere ist vorbereitet: Gemüse ist geschält und gewaschen, Tiefkühlprodukte sind aufgetaut. Dadurch kommt während des Kochens kein Stress auf, weil die Reibe plötzlich nicht aufzufinden ist oder der Pfeffer fehlt. Probiere es aus, du wirst dich richtig souverän und routiniert fühlen!
- Wenn die Vorbereitung stimmt, bist du auch in der Lage, in der Küche so viel wie möglich parallel laufen zu lassen. Während der Reis kocht, schnibbelst du Gemüse, während das kocht, reinigst du schon mal das Schneidebrett, während alles gart, wird schon aufgeräumt.
- Lege dir eine Rolle Küchenpapier für alle Fälle zurecht. Auch um schmutzige Messer und Löffel abzulegen, ist eine Küchenrolle praktisch.
- Stelle eine Schüssel oder das Gefäß für den Biomüll bei allen Schäl- und Schnibbelarbeiten direkt neben dich. So kannst du von Anfang an sauberer arbeiten und vermeidest feuchte Schalen auf dem Küchenboden.
- Erhitze das Kochwasser vorab im Wasserkocher und stelle parallel schon den Herd mit ein wenig Wasser im Topf an. Der passende Deckel auf dem Topf und Salz im Kochwasser beschleunigen das Erhitzen zusätzlich.
- Der Ofen muss nicht immer vorgeheizt werden. Die meisten Gerichte können schon in den Ofen, bevor die Zieltemperatur erreicht ist, das spart Zeit und Energie. Bei Brot und Kuchen solltest du allerdings immer die Zieltemperatur beachten.
- Spare, wenn möglich, unnötiges Geschirr für verschiedene parallele Zubereitungen. Zum Beispiel, indem du Gemüse in der Reihenfolge der Garzeiten zusammen in einen Topf schmeißt – das Gemüse mit der längsten Garzeit zuerst.
- Rezepte sind Anleitungen, keine Gesetze. Einzelne Zutaten lassen sich in den meisten Rezepten problemlos ersetzen, wenn mal etwas fehlt, du etwas ergänzen oder ausprobieren willst. Sei kreativ, probiere ruhig mal was aus!

DAS RICHTIGE EQUIPMENT

Wer sich für jede noch so kleine Aufgabe eine Maschine anschafft, hat bald selbst keinen Platz mehr in der Küche. Viele Aufgaben kann man ebenso gut mit einem einfachen Messer erledigen und es kann sogar Spaß machen, sich die richtigen Schneidetechniken anzueignen. Aber ein paar Geräte haben sich als wirklich zeitsparend herausgestellt, sodass ich sie nicht mehr missen möchte. Sie sind praktische Helfer, die dir den Alltag erleichtern. Möhren kannst du zum Beispiel in wenigen Sekunden im Mixer hacken, mit einer Mandoline zerlegst du eine ganze Gurke in Blitzgeschwindigkeit in hauchdünne Scheiben.

Doch die besten Geräte bringen nichts, wenn in der Küche Chaos herrscht. Nicht ohne Grund sind Profiköche immer perfekt organisiert. Da lohnt es sich, ein paar Tricks und Handgriffe abzuschauen:

- Solltest du beim Kochen regelmäßig im Chaos versinken und nach Utensilien suchen, nimm dir Zeit, in Ruhe deine Küchenordnung zu überdenken und zu strukturieren. In der Küche sollte alles seinen festen Platz haben. Wer einmal eine sinnvolle Ordnung in Schubladen und Schränken geschaffen hat, sollte immer den gleichen Ort verwenden, auch in der vermeintlichen Hektik des Kochens.
- Mit scharfen Messern schneidest du besser und schneller und das Schnibbeln macht einfach mehr Spaß. Schaffe dir einen Messerschärfer, Wetzstahl oder Schleifstein an oder gib deine Messer ganz bequem zum Schärfen ab. Viele Werkverkaufsstellen und Messervertriebe bieten diesen Service an. Bei Sparschälern sollte von Zeit zu Zeit die Klinge ausgetauscht werden.
- Sind wirklich mehrere Töpfe und Pfannen nötig? Überlege dir vorher, ob sich nicht mehrere Arbeitsschritte in einem Gefäß erledigen lassen. Da kommt es oft nur auf die richtige Reihenfolge an. So wird weniger schmutzig und du sparst dir die Zeit fürs Spülen und Räumen.
- Ich versuche auch zu Hause, die Küche noch während des Kochens wieder auf Vordermann zu bringen. Alles, was nicht mehr gebraucht wird, wird sofort gereinigt und wieder an seinem Platz verstaut. Küchengeräte, an denen Rohkostschnipsel oder Teigreste kleben, sollten zumindest kurz mit klarem Wasser abgespült werden. Solange noch nichts angetrocknet ist, geht das im Nu, später musst du mühsam schrubben, um eingetrockneten Schmutz zu entfernen. Ich mache das meist schnell während der Garzeit oder stelle zumindest noch vor dem Essen Töpfe und andere Helfer mit etwas Wasser in die Spüle. Wenn du eine Spülmaschine hast, achte darauf, dass sie vor dem Kochen ausgeräumt ist! So kannst du benutztes Geschirr gleich bequem hineinräumen.

EXPRESSAUSSTATTUNG

Einfacher geht's nicht: Für die Rezepte im Buch bist du mit dieser Standard-Küchenausstattung bereits bestens ausgerüstet:

- Töpfe in verschiedenen Größen mit passenden Deckeln
- Beschichtete Pfanne: Achte darauf, dass keine Kratzer in die Beschichtung kommen, sonst kleben die Zutaten doch wieder fest. Nur mit Holz- oder Kunststofflöffeln in der Pfanne arbeiten.
- Schüsselset aus Edelstahl: Die hitzebeständigen Schüsseln sind sowohl zum Anmachen von Salaten als auch für heiße Wasserbäder geeignet.
- Großes Schneidebrett
- Scharfe Messer in verschiedenen Größen, mit und ohne Säge für Gemüse und Fleisch
- Kleines Messer zum Schälen und für kleinteiligere Schnibbelarbeiten
- Sparschäler: Gönne deinem Schäler hin und wieder eine neue, scharfe Klinge. Stumpfe Klingen sind für manche Zwecke, zum Beispiel Spargelschälen, kaum zu gebrauchen und frustrieren nur.
- Reibe: Besorge dir eine stabile Vierkantreibe mit verschiedenen Stärken zum Reiben von Gemüse und Obst sowie Käse und Zitronenschale. Eine Reibe brauchst du immer wieder und es macht keinen Spaß, wenn ein günstiges Modell schon nach dem zweiten Gebrauch auseinanderfällt.
- Küchensieb: Ich nutze hitzebeständige Siebe aus Edelstahl mit verschiedenen Maschengrößen, ein grobes Sieb zum Abtropfen von Pasta sowie ein feinmaschigeres zum Durchseihen von Suppen.
- Kleiner und mittelgroßer Schneebesen
- Kochlöffel und Pfannenwender: Utensilien aus Kunststoff sind hygienischer als Holz. Mit beiden kannst du auch in der Pfanne hantieren.
- Küchenwaage: Ein exaktes Abwiegen aufs Gramm genau ist bei vielen Zutaten gar nicht nötig. Zutaten für Saucen und Dressings solltest du jedoch immer möglichst genau abwiegen. Eine gut eingestellte Digitalwaage arbeitet sehr genau und nimmt kaum Platz weg.
- Wasserkocher: Nutze den Wasserkocher zum Vorerhitzen von Kochwasser.

Empfehlenswert:

- Pürierstab: Ein einfacher Stabmixer ist der richtige Helfer, um Hummus, Suppen und Cremes zuzubereiten. Zudem ist er platzsparend zu verstauen.
- Blitzhacker: Ein schneller Helfer zum Zerkleinern von Nüssen und Gemüse. Die Größe lässt sich nur begrenzt beeinflussen. Schau dir am besten immer schrittweise das Ergebnis an, bevor du weiter zerkleinerst. Im Blitzhacker bereite ich auch gern Pesto zu.
- Toaster: Perfekt, um krosses Brot zum Gericht zu servieren. Auch Brot vom Vortag lässt sich so ganz einfach wieder aufwerten.

Bevor du loslegst ...

- Hast du das Rezept vollständig gelesen?
- Muss der Ofen vorgewärmt werden?
- Hast du alle Zutaten in Griffweite?
- Hast du genug Ablagefläche rund um Herd und Kochplatten?
- Sind Messer, Sparschäler, Löffel, Waage, Schneebesen, Timer und Co. einsatzbereit?
- Liegen die Küchenrolle und zwei Blatt davon als Ablage für Löffel, Gabeln und Werkzeuge am Platz?
- Sind Küchenmaschine und Blitzhacker bereit? Oder geht es ohne?
- Kannst du Zutaten kleiner schneiden, damit sie schneller garen?
- Lohnt es sich, Zutaten aus dem Rezept auf Vorrat zu produzieren?
- Kannst du Töpfe und Pfannen nacheinander mehrfach nutzen?
- Kannst du Zutaten nacheinander in einem Topf garen?
- Ist der Tisch gedeckt?

WWW.MENGENRECHNER.DE

kcal

UNSER KOSTENLOSER SERVICE FÜR SIE

Ausführliche Infos
Seite 178

REZEPTE

KEINE ZEIT ZU KOCHEN

EINFACHER GEHT'S NICHT –
SCHNELLER GENUSS
GANZ OHNE HERD UND OFEN

Frischkäsenuggets auf scharfem Tomatensalat

12–14 Minuten

FÜR 2 PERSONEN

Für den Salat
200 g vollreife Tomaten
1 frische rote Chilischote
3 EL heller Balsamico-Essig
5 EL Olivenöl
Salz
1 Prise Zucker
2 Frühlingszwiebeln
Für die Nuggets
80 g Pistazienkerne
175 g Doppelrahm-Frischkäse

Nährwerte pro Portion: 714 kcal
F 64 g • KH 18 g • EW 15 g

Tipp Dazu passt geröstetes Weißbrot sehr gut.

Info Perfekt geeignet für die „Schlank geht auch anders"-Challenge.

Für den Salat **Tomaten** waschen, den Stielansatz entfernen, in Scheiben oder Stücke schneiden und auf zwei Tellern anrichten. • **Chilischote** waschen, entkernen, fein würfeln und mit **Essig** und **Öl** verrühren. Mit **Salz** und **Zucker** abschmecken und das Chilidressing über die Tomaten träufeln. • **Frühlingszwiebeln** putzen, in feine Ringe schneiden und darüberstreuen. • Für die Nuggets die **Pistazien** fein hacken und in eine Schale füllen. Mit einem Teelöffel Nocken vom **Frischkäse** abstechen, zu den Pistazien geben, darin wälzen und leicht andrücken. • Die Frischkäsenuggets auf dem Tomatensalat anrichten und genießen.

Variante Statt Pistazien 150 g Pumpernickel verwenden, im Universalmixer oder Blitzhacker zu feinen Bröseln zerkleinern und die Frischkäsenocken darin wälzen. Statt Frühlingszwiebeln passt auch Basilikum sehr gut dazu.

vegetarisch • glutenfrei

Tomatensalat mit Burrata und Pistazien-Croûtons

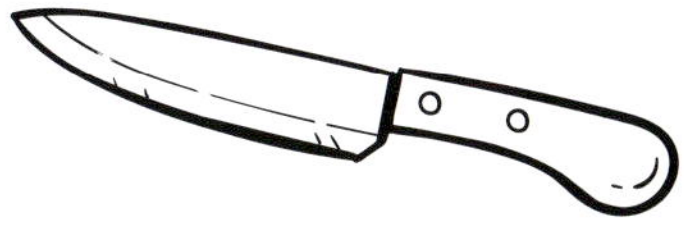

12–15 Minuten

FÜR 2 PERSONEN

Für den Salat

350 g vollreife Tomaten
1 rote Zwiebel
3 EL weißer Balsamico-Essig
5 EL Olivenöl
Salz
schwarzer Pfeffer aus der Mühle
1 Prise Zucker
1 Kugel Burrata (ca. 150 g)

Für die Croûtons

2 Brotscheiben (z. B. Graubrot oder Ciabatta)
2 EL Butter
2 EL Pistazienkerne
Salz
schwarzer Pfeffer aus der Mühle
feiner Zucker oder Puderzucker zum Bestreuen

Nährwerte pro Portion: 718 kcal
F 58 g • KH 33 g • EW 14 g

Für den Salat **Tomaten** waschen, die Stielansätze entfernen und Tomaten in Spalten schneiden. Die **Zwiebel** schälen und ebenfalls in Spalten schneiden. Beides in eine Schüssel geben. • **Essig** und **Öl** verrühren, mit **Salz, Pfeffer** und **Zucker** abschmecken, über den Tomatensalat gießen und behutsam vermengen. • Für die Croûtons das **Brot** würfeln. **Butter** in einer beschichteten Pfanne aufschäumen und die Brotwürfel darin rundum rösten. **Pistazienkerne** hinzugeben, mit **Salz** und **Pfeffer** würzen, etwas **Zucker** darüberstreuen und karamellisieren. • Den Tomatensalat auf zwei Bowls verteilen. Die **Burrata** halbieren, daraufsetzen und mit den gerösteten Pistazien-Croûtons bestreuen.

Info Perfekt geeignet für die „Schlank geht auch anders“-Challenge.

Honigmelone mit Ricottacreme und Parmaschinken

8 Minuten

FÜR 2 PERSONEN

120 g Ricotta
2 EL Aprikosenkonfitüre (alternativ andere helle Fruchtkonfitüre)
3 EL weißer Balsamico-Essig
8 Minzeblätter
Salz
schwarzer Pfeffer aus der Mühle
400 g Honigmelonenfleisch (z. B. Charentais-Melone)
120 g Parmaschinken in Scheiben

Nährwerte pro Portion: 377 kcal
F 24 g • KH 49 g • EW 7 g

Ricotta, Aprikosenkonfitüre und **Essig** verrühren. Die **Minze** in feine Streifen schneiden und unterheben. Mit **Salz** und **Pfeffer** abschmecken. • Die **Honigmelone** in Würfel schneiden. • Die Ricottacreme auf zwei Teller verteilen und zu einem Spiegel verstreichen. Die Honigmelonenwürfel darauf verteilen, den **Parmaschinken** dekorativ in die Zwischenräume setzen und genießen.

Mozzarella-Salat Asia-Style mit Kichererbsen

6–7 Minuten

FÜR 2 PERSONEN

1 Dose (400 g) Kichererbsen
1 Kugel Büffelmozzarella (ca. 150 g)
1 rote Spitzpaprika
5 EL süße Chilisauce (siehe Seite 108 oder Fertigprodukt)
3 EL Pflanzenöl
2 EL weißer Balsamico-Essig
1 Biolimette
Salz
schwarzer Pfeffer aus der Mühle

Nährwerte pro Portion: 535 kcal
F 35 g • KH 31 g • EW 19 g

Kichererbsen abgießen, unter fließendem Wasser abbrausen und abtropfen lassen. Den **Mozzarella** grob würfeln. Die **Spitzpaprika** waschen, entkernen und grob in Stücke schneiden. Alles in eine Schüssel geben. ● **Chilisauce, Öl** und **Essig** verrühren. Die Schale der **Limette** fein abreiben und den Saft auspressen. Beides unterrühren und mit **Salz** und **Pfeffer** abschmecken. Das Dressing über den Salat gießen, gut vermengen und nochmals abschmecken.

Info Perfekt geeignet für die „Schlank geht auch anders"-Challenge.

Großes Tomatenbrot mit Mozzarella

10–12 Minuten

FÜR 2 PERSONEN

2 EL Butter

Salz

schwarzer Pfeffer aus der Mühle

2 große Scheiben Bauernbrot

150 g vollreife Tomaten

1 Kugel Büffelmozzarella (ca. 150 g)

½ Bund Frühlingszwiebeln

3 EL Doppelrahm-Frischkäse

Nährwerte pro Portion: 534 kcal

F 36 g • KH 33 g • EW 18 g

Die **Butter** in einer beschichteten Pfanne aufschäumen und mit **Salz** und **Pfeffer** würzen. Die **Brotscheiben** darin beidseitig goldbraun rösten und anschließend beidseitig auf Küchenpapier abtropfen lassen. • **Tomaten** waschen, die Stielansätze wegschneiden, Tomaten entkernen und fein würfeln. **Mozzarella** in Scheiben schneiden. **Frühlingszwiebeln** putzen und in feine Ringe schneiden. • Die gerösteten Brotscheiben mit dem **Frischkäse** bestreichen und auf zwei Teller legen. Die Tomatenwürfel darauf verteilen und mit Mozzarella belegen. Mit **Salz** und **Pfeffer** würzen und mit Frühlingszwiebeln bestreuen.

Info Perfekt geeignet für die „Schlank geht auch anders“-Challenge.

Rote-Bete-Salat mit Thunfisch, Meerrettich und karamellisierten Cashews

FÜR 2 PERSONEN

10 Minuten

1 Dose (150 g) Thunfisch in Öl
400 g vorgegarte geschälte Rote Beten (vakuumverpackt)
3 EL weißer Balsamico-Essig
3 EL Olivenöl
2 EL Sahnemeerrettich aus dem Glas
Salz
schwarzer Pfeffer aus der Mühle
2 EL Cashewkerne
1 EL Butter
1 EL Zucker
1 EL in feine Röllchen geschnittener Schnittlauch

Nährwerte pro Portion: 680 kcal
F 45 g • KH 43 g • EW 24 g

Thunfisch abtropfen lassen. **Rote Beten** in etwa 1,5 cm große Würfel schneiden und beides in eine Schüssel geben. • **Essig, Öl** und **Sahnemeerrettich** verrühren und mit **Salz** und **Pfeffer** abschmecken. Das Dressing über die Beten-Thunfisch-Mischung geben und vermengen. • **Cashewkerne** in einer beschichteten Pfanne in der **Butter** goldgelb anrösten. Den **Zucker** darüberstreuen und karamellisieren. • Den Rote-Bete-Salat auf zwei Teller verteilen, karamellisierte Cashewkerne darübergeben und mit **Schnittlauch** bestreuen.

Lachs-Sashimi mit süßen Wasabigurken

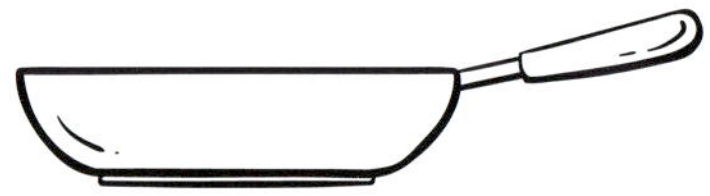

15 Minuten
+ 10 Minuten Ruhezeit

FÜR 2 PERSONEN

Für die Wasabigurken

1 Salatgurke

½ TL Salz

5 EL weißer Balsamico-Essig

1 EL Zucker

2 TL Wasabipaste

Für den Lachs

300 g Lachsfilet ohne Haut
(Sashimi-Qualität)

Salz

2 EL weiße Sesamsamen

1 EL Butter

4 EL Teriyaki-Sauce

Nährwerte pro Portion: 429 kcal
F 20 g • KH 44 g • EW 32 g

Für die Wasabigurken die **Gurke** schälen, längs halbieren und entkernen. Zuerst in lange Streifen, dann in 0,5–1 cm große Würfel schneiden, mit **Salz** würzen und 10 Minuten ziehen lassen. • **Essig, Zucker** und **Wasabipaste** verrühren. Gurkenwürfel ausdrücken, in das Dressing geben und vermengen. • Für den Lachs das **Lachsfilet** in daumendicke Scheiben schneiden, **salzen** und von einer Seite in **Sesam** drücken. Die **Butter** in einer beschichteten Pfanne aufschäumen. Den Lachs mit der Sesamseite nach unten in die Pfanne legen, 10–20 Sekunden scharf anbraten und wieder herausnehmen. • Die Wasabigurken auf zwei Teller verteilen und den Lachs darauf anrichten. Dazu die **Teriyaki-Sauce** zum Dippen reichen.

PFANNEN-GERICHTE

SATT UND GLÜCKLICH – DEFTIGE LECKERBISSEN AUS NUR EINER PFANNE

Rösti mit Lachs

5 Minuten
+ 10 Minuten Bratzeit

FÜR 2 PERSONEN

200 g Kartoffeln (am besten vorwiegend festkochend)
100 ml Pflanzenöl
1 TL frisch gehackter Rosmarin
Salz
3 EL Sahnemeerrettich aus dem Glas
150 g Stremellachs (heiß geräuchertes Lachsfilet; alternativ herkömmlicher Räucherlachs in Scheiben)
1 EL frisch gehackter Dill

Nährwerte pro Portion: 505 kcal
F 38 g • KH 19 g • EW 19 g

Kartoffeln schälen, grob raspeln, in ein Küchentuch geben und gut ausdrücken. • **Öl** in einer großen beschichteten Pfanne erhitzen. Kartoffelraspel mit **Rosmarin** und etwas **Salz** vermengen und locker in der Pfanne verteilen. Mit einem Spatel zu einem großen Rösti zusammenschieben und 5 Minuten anbraten. Dann wenden und noch mal 4–5 Minuten knusprig braten. Aus der Pfanne nehmen und auf Küchenpapier gut abtropfen lassen. • Den Kartoffelrösti in tortenstückgroße Stücke schneiden und darauf einige Kleckse **Sahnemeerrettich** und zerpflückten **Stremellachs** anrichten und mit **Dill** garnieren.

Info Perfekt geeignet für die „Schlank geht auch anders“-Challenge.

Salsiccia-Pfanne mit grünem Spargel

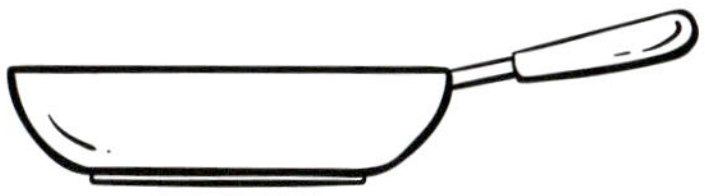

15 Minuten

FÜR 2 PERSONEN

400 g rohe Salsiccia (alternativ frische rohe Bratwürste)
1 Bund grüner Spargel (500 g)
1 EL Butter
150 g gekochte festkochende Pellkartoffeln vom Vortag
1 Zweig frischer Rosmarin
Salz
schwarzer Pfeffer aus der Mühle

Nährwerte pro Portion: 704 kcal
F 51 g • KH 17 g • EW 43 g

Die **Salsiccia** mit Daumen und Zeigefinger in groben Stücken aus der Wurstpelle lösen. Die Enden der **Spargelstangen** etwas abschneiden, das untere Drittel schälen, waschen und quer in 4–5 cm große Stücke schneiden. • **Butter** in einer beschichteten Pfanne aufschäumen und die Salsiccia-Stücke darin 3–4 Minuten sehr scharf anbraten, dabei ab und zu durchschwenken. Spargelstücke zugeben und weiterbraten. • Inzwischen die **Kartoffeln** pellen, klein würfeln und mitbraten. Den **Rosmarin** abbrausen, die Nadeln abstreifen, fein hacken und dazugeben. 2–3 Minuten weiterbraten und zum Schluss mit **Salz** und **Pfeffer** würzen. • Die Salsiccia-Pfanne auf zwei Teller verteilen und servieren.

Info Perfekt geeignet für die „Schlank geht auch anders"-Challenge.

Knackiges Asia-Gemüse mit Tofu

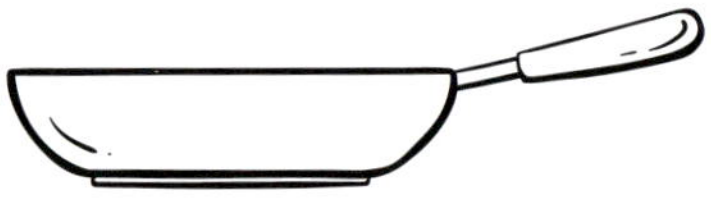

15 Minuten

FÜR 2 PERSONEN

400 g gemischtes frisches Gemüse (z. B. Kaiserschoten, Spitzpaprika, Mungobohnensprossen, Babykarotten, Minimaiskolben, Zucchini)
250 g qualitativ hochwertiger Tofu oder Räuchertofu (alternativ indischer Panir-Käse)
2 EL Pflanzenöl
1 TL frisch geriebener Ingwer
7 EL Teriyaki-Sauce
1 EL Mango-Chutney
Salz

Nährwerte pro Portion: 336 kcal
F 19 g • KH 23 g • EW 16 g

Gemüse putzen und in längliche Stücke schneiden. **Tofu** in etwa 1,5 cm große Würfel schneiden. • **Öl** in einer Pfanne stark erhitzen und den Tofu darin 2 Minuten scharf anbraten. Dann das Gemüse hinzugeben, einmal durchschwenken und 2 Minuten braten. • **Ingwer** unterrühren, mit **Teriyaki-Sauce** ablöschen und einmal aufkochen. Dann mit **Mango-Chutney** und **Salz** abschmecken. • Das knackig gebratene Asia-Gemüse mit Tofu auf zwei Teller verteilen und genießen.

Info Perfekt geeignet für die „Schlank geht auch anders"-Challenge.

Bulgur-Taler mit Camembert und Preiselbeeren

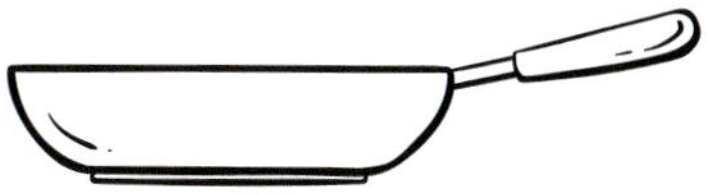

15 Minuten
+ ca. 8 Minuten Quellzeit

FÜR 2 PERSONEN

Salz
150 g Bulgur (alternativ Vollkorn-Couscous)
2 Bioeier
50 g gemahlene Mandelkerne
2 EL Butter
100 g Camembert
2 EL Preiselbeeren aus dem Glas

Nährwerte pro Portion: 737 kcal
F 38 g • KH 58 g • EW 33 g

300 ml Wasser mit ½ TL **Salz** aufkochen, den **Bulgur** dazugeben, vom Herd nehmen und abgedeckt etwa 8 Minuten quellen lassen. Dann sofort auf einem Backblech verteilen und rasch abkühlen lassen. ● Den Bulgur in eine Schüssel geben, **Eier, Mandeln** und etwas **Salz** hinzugeben und gut vermengen. **Butter** in einer beschichteten Pfanne aufschäumen. Je 1 EL Bulgur-Mischung hineingeben, zu Talern formen und von beiden Seiten braten. ● **Camembert** in Scheiben schneiden und je eine Scheibe auf die Taler legen. Den Deckel aufsetzen und kurz weiterbraten, bis der Käse beginnt zu schmelzen. ● Die Bulgur-Taler auf zwei Teller verteilen und mit je einem kleinen Klecks **Preiselbeeren** garnieren.

Entrecôte mit Gorgonzola-sauce und Zartweizen

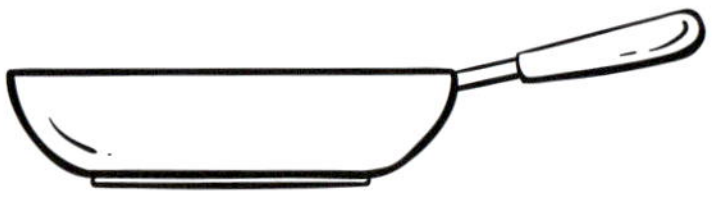

15 Minuten

FÜR 2 PERSONEN

Für Zartweizen und Fleisch

100 g Zartweizen

Salz

2 Entrecôtes vom Rind (à 180 g)

schwarzer Pfeffer aus der Mühle

1 EL Pflanzenöl

Für die Gorgonzolasauce

1 frische Feige

130 g Sahne

80 g Gorgonzola

Salz

schwarzer Pfeffer aus der Mühle

Nährwerte pro Portion: 790 kcal

F 46 g • KH 36 g • EW 53 g

Den Backofen auf 90 °C Ober-/Unterhitze vorheizen. • **Zartweizen** laut Packungsanweisung in **Salzwasser** etwa 10 Minuten garen, dann abgießen. • Währenddessen die **Entrecôtes** mit **Salz** und **Pfeffer** würzen. **Öl** in einer Pfanne erhitzen. Das Fleisch darin von beiden Seiten je 4 Minuten braten. Auf ein Backblech legen und im vorgeheizten Ofen warm halten. • Für die Gorgonzolasauce die Fleischpfanne noch einmal erhitzen. Die **Feige** waschen, in Spalten schneiden und anbraten. Mit **Sahne** ablöschen. **Gorgonzola** klein schneiden, zugeben, kurz aufkochen und verrühren. Mit **Salz** und **Pfeffer** abschmecken. • Den Zartweizen und die Entrecôtes auf zwei Tellern anrichten und mit Gorgonzolasauce beträufeln.

Knuspriges Fischfilet mit Speck und Knoblauchkartoffeln

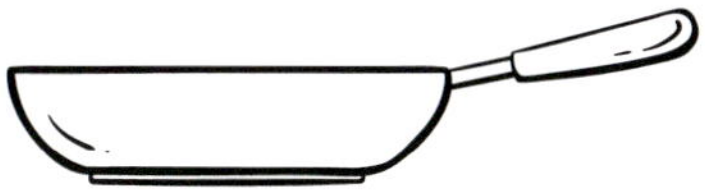

FÜR 2 PERSONEN

15 Minuten

Für den Fisch

2 Fischfilets ohne Haut (à 160 g; z. B. Zander)

6 Scheiben Frühstücksspeck (Bacon)

2 EL Butter

Saft von ½ Biozitrone

Für die Knoblauchkartoffeln

350 g gekochte festkochende Kartoffeln vom Vortag

3 Knoblauchzehen

Salz

schwarzer Pfeffer aus der Mühle

abgeriebene Schale von ½ Biozitrone

Nährwerte pro Portion: 421 kcal
F 16 g • KH 29 g • EW 40 g

Den Backofen auf 90 °C Ober-/Unterhitze vorheizen. ● Für den Fisch die **Fischfilets** mit dem **Frühstücksspeck** umwickeln. **Butter** in einer Pfanne aufschäumen und den Fisch darin von beiden Seiten je 4 Minuten braten. Auf ein Backblech legen und im vorgeheizten Backofen warm halten. ● In der Zwischenzeit für die Knoblauchkartoffeln die **Kartoffeln** würfeln und in der Fischpfanne unter gelegentlichem Wenden goldbraun anbraten. ● **Knoblauchzehen** schälen, in Scheiben schneiden und dazugeben. Mit **Salz** und **Pfeffer** würzen und mit **Zitronenschale** verfeinern. ● Die Knoblauchkartoffeln auf zwei Teller verteilen. Je ein Fischfilet im Speckmantel daneben anrichten und mit etwas **Zitronensaft** beträufelt servieren.

Info Perfekt geeignet für die „Schlank geht auch anders"-Challenge.

Tofu-Stroganoff

12 Minuten

FÜR 2 PERSONEN

300 g qualitativ hochwertiger Tofu

100 g weiße Zwiebeln

100 g Champignons

100 g Essiggurken aus dem Glas

2 EL Pflanzenöl

1 TL Tomatenmark

1 EL feiner Senf

150 g Sahne

Salz

schwarzer Pfeffer aus der Mühle

Nährwerte pro Portion: 505 kcal

F 43 g • KH 8 g • EW 20 g

Den **Tofu** in etwa 1 cm große Würfel schneiden. **Zwiebeln** schälen und klein würfeln. **Champignons** putzen und ebenfalls würfeln. Die **Essiggurken** klein schneiden. • **Öl** in einer beschichteten Pfanne erhitzen und die Tofuwürfel darin kräftig anbraten. Zwiebeln, Champignons und Essiggurken dazugeben und ebenfalls kräftig anbraten. • **Tomatenmark** und **Senf** unterrühren und mit **Sahne** ablöschen. 1–2 Minuten aufkochen und mit **Salz** und **Pfeffer** abschmecken.

Info Perfekt geeignet für die „Schlank geht auch anders"-Challenge.

vegetarisch • glutenfrei

BBQ-Steaks mit Shiitake und Kidneybohnen

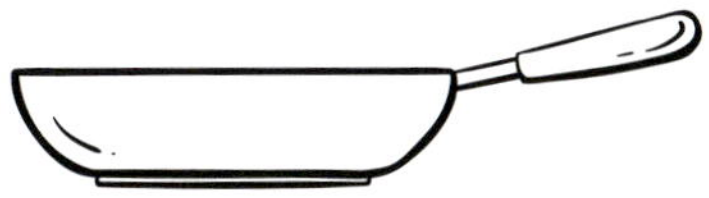

15 Minuten

FÜR 2 PERSONEN

Für die Steaks

2 Schweinenackensteaks (à 170 g)

Salz

schwarzer Pfeffer aus der Mühle

1 EL Pflanzenöl

Für die Pilzpfanne

150 g frische Shiitake-Pilze

3 Knoblauchzehen

120 g Kidneybohnen aus der Dose

½ TL Curry-Gewürzmischung

Salz

3 EL qualitativ hochwertiges Olivenöl

Nährwerte pro Portion: 637 kcal
F 45 g • KH 21 g • EW 38 g

Den Backofen auf 90 °C Ober-/Unterhitze vorheizen. ● Die **Steaks** beidseitig leicht klopfen und mit **Salz** und **Pfeffer** würzen. **Pflanzenöl** in einer Pfanne erhitzen und das Fleisch darin von beiden Seiten je 4 Minuten anbraten. Dann auf ein Blech legen und im vorgeheizten Ofen warm halten. ● Inzwischen für die Pilzpfanne die **Shiitake** putzen und in Streifen schneiden. Die **Knoblauchzehen** schälen und in Scheiben schneiden. ● Die Steakpfanne erneut erhitzen, Shiitake und Knoblauch darin anbraten. **Kidneybohnen** unter fließendem Wasser abbrausen und hinzugeben. Dann die **Curry-Gewürzmischung** darüberstäuben, mit **Salz** abschmecken und das **Olivenöl** darüberträufeln. ● Steaks auf zwei Teller legen und die Shiitake-Mischung darübergeben.

Info Perfekt geeignet für die „Schlank geht auch anders"-Challenge.

laktosefrei • glutenfrei

Ruckzuck-Schaschlik mit Brotwürfeln auf Tomatensugo

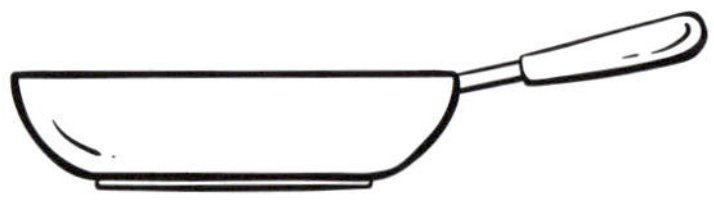

15 Minuten

FÜR 2 PERSONEN

Für die Spieße

300 g Schweinefilet

1 weiße Zwiebel

150 g gekochter, geräucherter Bauchspeck am Stück

¼ Baguette oder Ciabatta

Salz

schwarzer Pfeffer aus der Mühle

1 EL Butter

Für den Sugo

200 g passierte Tomaten

2 EL Olivenöl

Salz

schwarzer Pfeffer aus der Mühle

1 Prise Zucker

Nährwerte pro Portion: 797 kcal
F 42 g • KH 49 g • EW 55 g

Den Backofen auf 90 °C Ober-/Unterhitze vorheizen. ● Für die Spieße das **Schweinefilet** in etwa 2 cm große Würfel schneiden. Die **Zwiebel** schälen, längs vierteln, nochmals quer halbieren und die Zwiebelschichten voneinander lösen. Den **Bauchspeck** in 2–3 mm dicke und 2 cm breite Scheiben schneiden. Das **Baguette** grob würfeln. Alles abwechselnd auf vier Spieße stecken und mit **Salz** und **Pfeffer** würzen. ● Die **Butter** in einer großen beschichteten Pfanne aufschäumen und die Spieße darin rundum 5–6 Minuten scharf anbraten. Auf ein Backblech legen und im vorgeheizten Ofen warm halten. ● Währenddessen für den Sugo die Pfanne erneut erhitzen, **passierte Tomaten** zugeben und etwa 5 Minuten einköcheln lassen. Mit **Öl** verfeinern und mit **Salz, Pfeffer** und **Zucker** abschmecken. ● Den Tomatensugo auf zwei Teller geben und dann die Schaschlikspieße darauflegen.

Thunfischsteak mit Teriyaki-Gemüse

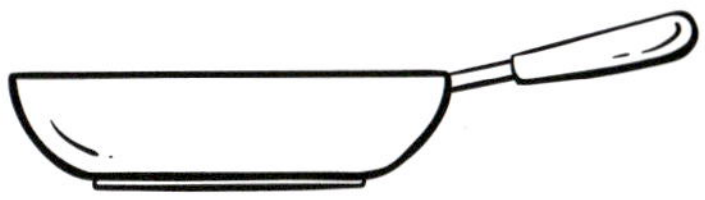

15 Minuten

FÜR 2 PERSONEN

2 Thunfischsteaks (à 160 g)

Salz

4 EL geröstetes Sesamöl

2 Baby-Pak-Choi

1 rote Paprikaschote

80 ml Teriyaki-Sauce

Nährwerte pro Portion: 620 kcal
F 41 g • KH 22 g • EW 39 g

Den Backofen auf 90 °C Ober-/Unterhitze vorheizen. • **Thunfischsteaks** rundum **salzen.** Das **Sesamöl** in einer beschichteten Pfanne erhitzen und den Thunfisch darin von jeder Seite 1 Minute sehr scharf anbraten. Herausnehmen, auf ein Backblech legen und im vorgeheizten Ofen warm halten. • Währenddessen den **Pak Choi** waschen, putzen und längs halbieren. Die **Paprikaschote** waschen, entkernen und in Streifen schneiden. • Die Thunfischpfanne erneut erhitzen und das Gemüse darin knackig anbraten. Dann mit der **Teriyaki-Sauce** ablöschen und mit **Salz** abschmecken. • Das Teriyaki-Gemüse mit je einem Thunfischsteak auf zwei Tellern anrichten und servieren.

Info Perfekt geeignet für die „Schlank geht auch anders"-Challenge.

Hähnchen tonnato mit Mozzarella und Bohnen

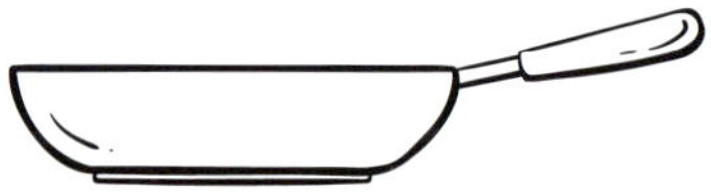

15 Minuten

FÜR 2 PERSONEN

9 EL heller Balsamico-Essig

Salz

2 Biohähnchenbrustfilets ohne Haut (à 160 g)

300 g frische grüne Bohnen (alternativ TK-Ware)

1 Dose (150 g) Thunfisch in Lake

3 EL Mayonnaise

schwarzer Pfeffer aus der Mühle

1 Kugel Büffelmozzarella (150 g)

Nährwerte pro Portion: 618 kcal
F 31 g • KH 13 g • EW 69 g

500 ml Wasser mit 6 EL **Essig** und 1 TL **Salz** in einer hohen Pfanne aufkochen. Die **Hähnchenbrustfilets** hineinlegen und nahe dem Siedepunkt abgedeckt 10 Minuten pochieren. ● Währenddessen die **Bohnen** putzen und in gut **gesalzenem** Wasser 2–3 Minuten bissfest blanchieren, dann abgießen und in eiskaltem Wasser abschrecken. ● **Thunfisch** samt Lake mit **Mayonnaise** und 3 EL **Essig** im Standmixer oder mit dem Stabmixer glatt mixen. Mit **Salz** und **Pfeffer** abschmecken. ● Das pochierte Hähnchen in sehr dünne Scheiben schneiden. **Mozzarella** abgießen und ebenfalls in dünne Scheiben schneiden. Beides leicht überlappend auf zwei Tellern anrichten und mit der Thunfischsauce beträufeln. Die Bohnen dekorativ darüber verteilen und servieren.

Info Perfekt geeignet für die „Schlank geht auch anders"-Challenge.

glutenfrei

Maisnuggets mit Chili

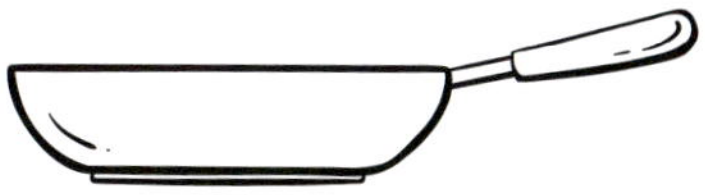

12 Minuten

FÜR 2 PERSONEN

400 g Maiskörner aus der Dose
½ frische rote Chilischote
5 EL gemahlene Mandelkerne
(alternativ Semmelbrösel)
1 Bioei
1 TL Harissapaste
Salz
schwarzer Pfeffer aus der Mühle
2 EL Butter

Nährwerte pro Portion: 434 kcal
F 29 g • KH 26 g • EW 16 g

Maiskörner abgießen und unter fließendem Wasser abbrausen. Die Hälfte davon in einen hohen Mixbecher füllen und mit dem Stabmixer kurz anmixen. Mit den ganzen Maiskörnern in eine Schüssel geben. • **Chilischote** waschen, entkernen, fein hacken und zugeben. **Mandeln, Ei** und **Harissapaste** hinzufügen, mit **Salz** und **Pfeffer** würzen und gut vermengen. • **Butter** in einer beschichteten Pfanne aufschäumen. Den Maisteig mit einem Esslöffel portionsweise in die Pfanne geben und von beiden Seiten je etwa 4 Minuten goldbraun ausbacken. • Maisnuggets auf zwei Teller geben und servieren.

Tipp Dazu passt ein bunt gemischter Salat.

Info Perfekt geeignet für die „Schlank geht auch anders“-Challenge.

Allgäuer Käseschnitzel mit Gurkensalat

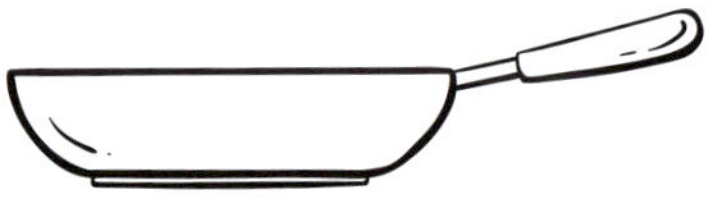

15 Minuten

FÜR 2 PERSONEN

Für die Käseschnitzel

2 Tomaten

100 g Bergkäse am Stück

2 Schweineschnitzel (aus Schweinerücken oder Oberschale; à 170 g)

Salz

schwarzer Pfeffer aus der Mühle

2 EL Weizenmehl (Type 405)

1 EL Pflanzenöl

1 EL Butter

Für den Gurkensalat

1 Salatgurke

3 EL saure Sahne

3 EL heller Balsamico-Essig

2 EL Pflanzenöl

Salz

1 TL Zucker

Nährwerte pro Portion: 718 kcal

F 46 g • KH 36 g • EW 55 g

Den Backofen auf Grillstufe vorheizen. ● Für die Käseschnitzel **Tomaten** waschen, die Stielansätze entfernen und Tomaten in Scheiben schneiden. Den **Bergkäse** reiben. ● Die **Schnitzel** plattieren, mit **Salz** und **Pfeffer** würzen und im **Mehl** wenden. **Öl** und **Butter** in einer ofenfesten Pfanne erhitzen und das Fleisch darin von beiden Seiten kurz und scharf anbraten. ● Dann mit Tomaten belegen und mit Käse bestreuen. Die Pfanne in den vorgeheizten Ofen schieben und 8–10 Minuten überbacken. ● Währenddessen für den Gurkensalat die **Gurke** waschen und ungeschält grob raspeln. In ein Küchentuch geben und gut ausdrücken. **Saure Sahne, Essig** und **Öl** verrühren und mit **Salz** und **Zucker** abschmecken. Gurkenraspel untermengen und kurz durchziehen lassen. ● Die Allgäuer Käseschnitzel auf zwei Teller geben und dazu den Gurkensalat servieren.

Knuspriger Bratkartoffelsalat mit Sardinen

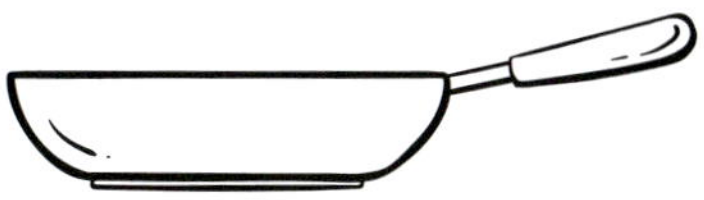

12 Minuten

FÜR 2 PERSONEN

500 g gekochte Pellkartoffeln vom Vortag
½ TL edelsüßes oder geräuchertes Paprikapulver
Salz
1 TL Weizenmehl (Type 405)
5 EL Olivenöl
2 Frühlingszwiebeln
3 EL dunkler Balsamico-Essig
schwarzer Pfeffer aus der Mühle
2 Tomaten
1 Dose (125 g) Sardinen in Olivenöl

Nährwerte pro Portion: 537 kcal
F 29 g • KH 46 g • EW 21 g

Kartoffeln pellen und in Scheiben schneiden. **Paprikapulver,** ½ TL **Salz** und **Mehl** mischen und die Kartoffeln darin schwenken. • 3 EL **Öl** in einer beschichteten Pfanne erhitzen und die Kartoffeln darin knusprig braten, dabei gelegentlich wenden. **Frühlingszwiebeln** putzen, in Ringe schneiden und kurz mitbraten. • Währenddessen **Essig,** restliches **Öl,** etwas **Salz** und **Pfeffer** in einer Schüssel verrühren. Die **Tomaten** waschen, die Stielansätze entfernen, Tomaten würfeln und zur Marinade geben. • Die knusprigen Bratkartoffeln hinzufügen und alles locker vermengen. Je nach Geschmack nochmals mit **Salz** und **Pfeffer** abschmecken. • Den knusprigen Bratkartoffelsalat auf zwei Teller verteilen und abschließend darauf die **Sardinen** anrichten.

Spaghetti alla emiliana Balsam-Style

8 Minuten

FÜR 2 PERSONEN

150 g gekochter Schinken in Scheiben

150 g TK-Erbsen

1 EL Butter

150 g Sahne

4 EL dunkler Balsamico-Essig

Salz

schwarzer Pfeffer aus der Mühle

400 g gekochte Spaghetti vom Vortag

Nährwerte pro Portion: 740 kcal

F 32 g • KH 80 g • EW 28 g

Den **Schinken** würfeln. Gefrorene **Erbsen** kurz in kaltem Wasser auftauen und abgießen. • **Butter** in einer Pfanne erhitzen und den Schinken darin 1–2 Minuten anbraten. Erbsen dazugeben und mit **Sahne** ablöschen. Aufkochen, **Essig** einrühren und mit **Salz** und **Pfeffer** würzen. • Währenddessen die **Spaghetti** mit reichlich kochendem Wasser übergießen, kurz ziehen lassen und dann abgießen. Unter die Sauce mengen und kurz aufkochen. • Die Spaghetti auf zwei tiefe Teller verteilen und genießen.

Tipp Sollte die Zeit ausreichen, kann das Gericht mit frisch gekochten Spaghetti (200 g Trockengewicht) zubereitet werden.

Tipp Die Vanilleschote danach unter fließendem Wasser abbrausen, einige Stunden trocknen lassen und für die nächste Verwendung luftdicht verwahren oder gleich zum Aromatisieren in ein kleines hohes Glas mit Salz stecken.

Meatballs mit Vanillepaprika

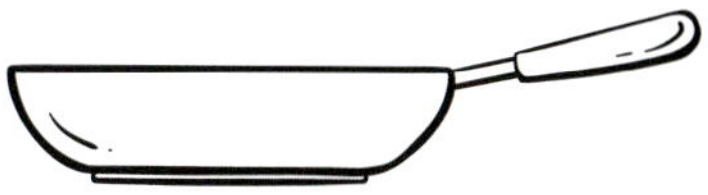

15 Minuten

FÜR 2 PERSONEN

Für die Meatballs

400 g Rinderhackfleisch

1 EL feiner Senf

1 Bioei

½ TL Ras el-Hanout (Gewürzmischung)

Salz

schwarzer Pfeffer aus der Mühle

2 EL Pflanzenöl

Für die Vanillepaprika

300 g rote Paprikaschote

1 EL Butter

1 Vanilleschote

Salz

1 Prise Zucker

Nährwerte pro Portion: 793 kcal

F 57 g • KH 22 g • EW 45 g

Für die Meatballs **Hackfleisch, Senf, Ei** und **Ras el-Hanout** in eine Schüssel geben, kräftig mit **Salz** und **Pfeffer** würzen, zu einem gebundenen Fleischteig verkneten und aus der Masse mit nassen Händen Bällchen (Ø 2–3 cm) formen. • **Öl** in einer beschichteten Pfanne erhitzen und die Fleischbällchen darin etwa 10 Minuten goldbraun braten, dabei öfter wenden. • Währenddessen für die Vanillepaprika die **Paprika** waschen, entkernen und klein würfeln. **Butter** in einem Topf aufschäumen und die Paprikawürfel darin anbraten, ohne dass sie Farbe annehmen. • **Vanilleschote** längs etwas aufschneiden, dazugeben und bei sanfter Hitze 3–4 Minuten abgedeckt braten. Zum Schluss mit **Salz** und **Zucker** abschmecken und die Vanilleschote entfernen. • Vanillepaprika auf Teller verteilen und die Meatballs darauf anrichten.

Info Perfekt geeignet für die „Schlank geht auch anders"-Challenge.

Meine Nudelpfanne „Bolo“ mit Burrata

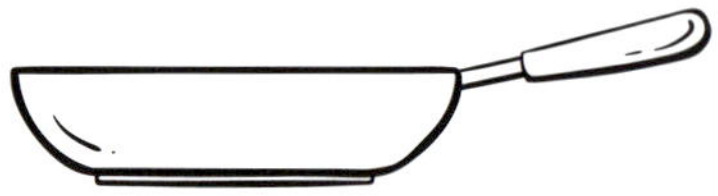

15 Minuten

Koch- und Bratzeit: 10 Minuten

FÜR 2 PERSONEN

150 g Tagliatelle (Eierbandnudeln)

Salz

250 g Biohähnchenbrustfilet ohne Haut

100 g weiße Zwiebeln

3 EL Olivenöl

1 TL Tomatenmark

200 g passierte Tomaten

schwarzer Pfeffer aus der Mühle

1 Spritzer dunkler Balsamico-Essig

1 Kugel Burrata (150 g)

Nährwerte pro Portion: 768 kcal

F 35 g • KH 64 g • EW 46 g

Die **Tagliatelle** in **Salzwasser** nach Packungsanweisung al dente kochen. ● Währenddessen das **Hähnchenbrustfilet** in sehr kleine Würfel schneiden. **Zwiebeln** schälen und fein hacken. ● Das **Öl** in einer beschichteten Pfanne erhitzen und das Hähnchenfleisch darin 2–3 Minuten kräftig anbraten. ● Zwiebeln dazugeben und 2 Minuten weiterbraten. Das **Tomatenmark** unterrühren, **passierte Tomaten** zugeben, aufkochen und mit **Salz** und **Pfeffer** abschmecken. Zum Schluss mit **Essig** verfeinern. ● Tagliatelle abgießen und tropfnass unter die Sauce mengen. ● Die Nudelpfanne „Bolo“ auf zwei tiefe Teller verteilen. Die **Burrata** halbieren und mittig daraufsetzen.

Steakgulasch à la minute mit Selleriestampf

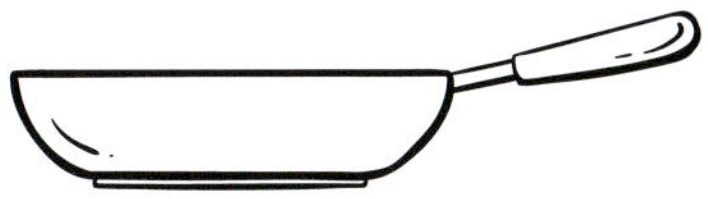

FÜR 2 PERSONEN

15 Minuten

Für den Stampf

350 g Knollensellerie

2 EL Butter

Salz

Für das Gulasch

350 g Rindersteak (z. B. Entrecôte, Rinderfilet)

Salz

schwarzer Pfeffer aus der Mühle

1 Schalotte

2 EL Pflanzenöl

1 TL feiner Senf

50 ml roter Portwein

100 g Sahne

Nährwerte pro Portion: 595 kcal
F 40 g • KH 8 g • EW 43 g

Info Perfekt geeignet für die „Schlank geht auch anders“-Challenge.

Für den Stampf den **Sellerie** schälen, sehr klein würfeln und in einen kleinen Topf geben. Mit Wasser bedecken und weich dünsten, bis die Flüssigkeit verdampft ist. **Butter** dazugeben, mit einem Kartoffelstampfer grob zerstampfen und mit **Salz** abschmecken. • Inzwischen für das Gulasch das **Steak** in etwa 3 cm große Würfel schneiden und mit **Salz** und **Pfeffer** würzen. **Schalotte** schälen und fein würfeln. • **Öl** in einer Pfanne erhitzen und die Fleischwürfel darin rundum 2–3 Minuten kurz und scharf anbraten. Herausnehmen und warm halten. • Schalotten in die Pfanne geben und etwas anschwitzen. Dann den **Senf** unterrühren und mit **Portwein** ablöschen. **Sahne** zugießen und aufkochen. Das Fleisch zurück in die Sauce geben und kurz nachziehen lassen. Mit **Salz** und **Pfeffer** abschmecken. • Selleriestampf mit dem Steakgulasch auf Tellern anrichten und servieren.

glutenfrei

Pfirsichschmarren mit Vanilleeis

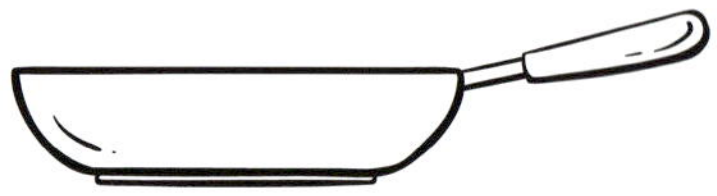

FÜR 2 PERSONEN

15 Minuten

2 Bioeier
1 Prise Salz
150 ml Vollmilch
75 g Weizenmehl (Type 405)
3 EL Zucker
2 reife Pfirsiche oder anderes Steinobst (z. B. Aprikosen oder Pflaumen)
2 EL Butter
Puderzucker zum Bestäuben
2 Kugeln Vanilleeiscreme

Nährwerte pro Portion: 608 kcal
F 24 g • KH 77 g • EW 18 g

Die **Eier** trennen. Das Eiweiß mit dem **Salz** steif schlagen. • Die **Milch** mit **Mehl** und 1 EL **Zucker** glatt rühren. Eigelb unterrühren, bis ein geschmeidiger Teig entsteht. Zum Schluss das Eiweiß unterheben. • **Pfirsiche** waschen (oder nach Belieben die Haut abziehen), halbieren, entsteinen und in fingerdicke Spalten schneiden. • **Butter** in einer beschichteten Pfanne aufschäumen, die Pfirsichspalten dazugeben, restlichen **Zucker** darüberstreuen und karamellisieren lassen. • Den Teig gleichmäßig darüber verteilen, die Hitze reduzieren und abgedeckt 2–3 Minuten backen. Dann vorsichtig wenden und fertig backen. • Den Pfirsichschmarren mit zwei Gabeln in grobe Stücke reißen und auf zwei Teller verteilen. Nach Belieben mit **Puderzucker** bestäuben und mit je einer Kugel **Vanilleeis** servieren.

3 ZUTATEN

GENIALE GERICHTE GANZ OHNE EINKAUFSSTRESS

Info: Neben den gängigsten Grundzutaten, die in jeder Küche vorrätig sein sollten, brauchst du für die Rezepte in diesem Kapitel nur drei weitere Zutaten.

Blumenkohlsteak „polnisch“ mit Feldsalat

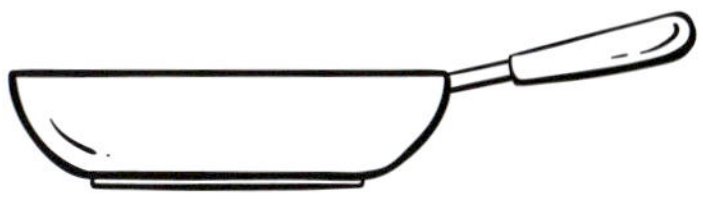

15 Minuten

FÜR 2 PERSONEN

Für die Blumenkohlsteaks

1 kleiner Blumenkohl

Salz

3 EL Butter

2 EL Semmelbrösel

schwarzer Pfeffer aus der Mühle

Für den Salat

100 g Feldsalat

2 EL heller Balsamico-Essig

½ TL feiner Senf

3 EL Olivenöl

Salz

schwarzer Pfeffer aus der Mühle

1 Prise Zucker

Nährwerte pro Portion: 370 kcal
F 28 g • KH 18 g • EW 6 g

Info Perfekt geeignet für die „Schlank geht auch anders“-Challenge.

Für die Blumenkohlsteaks die äußeren Blätter vom **Blumenkohl** abtrennen, Kohl waschen und mit Strunk vertikal in vier etwa 3 cm dicke Scheiben schneiden (Blumenkohlreste anderweitig verwenden). Dann in eine beschichtete Pfanne legen, mit 100 ml Wasser übergießen, **salzen** und abgedeckt etwa 8 Minuten stark köcheln lassen, bis die Flüssigkeit verdampft ist. ● Währenddessen für den Salat den **Feldsalat** putzen, waschen und trocken schleudern. **Essig, Senf** und **Öl** verrühren und mit **Salz, Pfeffer** und **Zucker** abschmecken. Die Vinaigrette über den Feldsalat träufeln und behutsam vermengen. ● **Butter** in die Pfanne geben und zerlassen. **Semmelbrösel** darüberstreuen, mit **Salz** und **Pfeffer** würzen und braten, bis alles etwas Farbe angenommen hat. Die Blumenkohlsteaks dabei einmal wenden. ● Blumenkohlsteaks mit den Butterbröseln auf zwei Teller verteilen und dazu den Feldsalat reichen.

Zucchini-Curry mit Kokos

7–8 Minuten

FÜR 2 PERSONEN

300 ml Kokosnussmilch
6 EL süße Chilisauce (siehe Seite 108 oder Fertigprodukt)
Salz
schwarzer Pfeffer aus der Mühle
400 g Zucchini
1 EL Butter
½ TL Weizenmehl (Type 405; nach Belieben)

Nährwerte pro Portion: 451 kcal
F 36 g • KH 23 g • EW 8 g

Die **Kokosnussmilch** mit der **Chilisauce** einmal aufkochen und mit **Salz** und **Pfeffer** würzen. ● **Zucchini** waschen und in grobe Würfel schneiden. **Butter** in einer beschichteten Pfanne aufschäumen und die Zucchiniwürfel darin kurz und scharf anbraten. ● Dann mit der heißen Kokosnussmilch ablöschen und kurz einkochen. Nach Belieben für eine cremige Bindung das **Mehl** mit wenig kaltem Wasser glatt rühren, dann einrühren und nochmals kurz aufkochen.

Info Perfekt geeignet für die „Schlank geht auch anders"-Challenge.

Lachsgröstel mit Kartoffeln und Kräuterbutter

7–8 Minuten

FÜR 2 PERSONEN

350 g frisches Lachsfilet ohne Haut

200 g gekochte Kartoffeln vom Vortag

2 EL Kräuterbutter

Salz

schwarzer Pfeffer aus der Mühle

Nährwerte pro Portion: 346 kcal

F 16 g • KH 15 g • EW 34 g

Das **Lachsfilet** in große Würfel schneiden. Die **Kartoffeln** klein würfeln. ● **Kräuterbutter** in einer beschichteten Pfanne aufschäumen und den Lachs darin etwa 5 Minuten unter gelegentlichem Wenden braten. ● Gegen Ende der Garzeit die Kartoffelwürfel zugeben und mitbraten. Mit **Salz** und **Pfeffer** würzen und servieren.

Info Perfekt geeignet für die „Schlank geht auch anders"-Challenge.

Glückliche Tomatennudeln

12–14 Minuten

FÜR 2 PERSONEN

200 g Orzo-Pasta

Salz

400 g stückige Tomaten aus der Dose

1 TL Tomatenmark

schwarzer Pfeffer aus der Mühle

1 Prise Zucker

2 EL Kräuterbutter

Nährwerte pro Portion: 410 kcal

F 3 g • KH 79 g • EW 16 g

Die **Pasta** in **Salzwasser** nach Packungsanweisung al dente kochen. ● Währenddessen die **Tomaten** aufkochen. **Tomatenmark** unterrühren und zu einem sämigen Sugo einkochen lassen, bis die Pasta fertig ist. Mit **Salz, Pfeffer** und **Zucker** abschmecken, zum Schluss die **Kräuterbutter** unterrühren. ● Die Pasta abgießen und tropfnass auf zwei tiefe Teller verteilen. Darüber den Tomatensugo geben.

Tipp Orzo sind reiskornförmige Hartweizennudeln, die auch „Nudelreis“ genannt werden. In der griechischen Küche sind sie als Kritharaki bekannt.

Gebratener Halloumi mit Kartoffeln „Sweet Chili“

10 Minuten

FÜR 2 PERSONEN

400 g Halloumi

1 EL Butter

300 g gekochte Pellkartoffeln vom Vortag

5 EL süße Chilisauce (siehe Seite 108 oder Fertigprodukt)

Salz

schwarzer Pfeffer aus der Mühle

Nährwerte pro Portion: 783 kcal
F 56 g • KH 34 g • EW 47 g

Den **Halloumi** in fingerdicke Scheiben schneiden. Die **Butter** in einer Pfanne aufschäumen und den Käse darin 4 Minuten anbraten. ● Inzwischen die **Kartoffeln** pellen und würfeln. ● Halloumi-Scheiben wenden, die Kartoffelwürfel dazugeben und weitere 4 Minuten braten, die Kartoffeln zwischendurch wenden. ● **Chilisauce** hinzufügen, mit **Salz** und **Pfeffer** würzen, kurz durchschwenken und auf zwei Tellern anrichten.

Info Perfekt geeignet für die „Schlank geht auch anders“-Challenge.

Hähnchenrahmgulasch mit Spaghetti

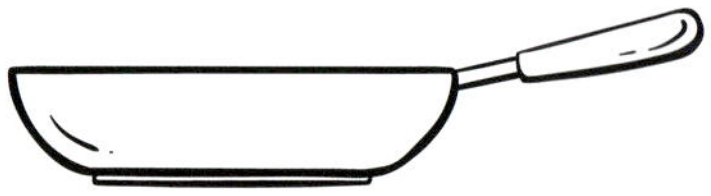

12 Minuten

FÜR 2 PERSONEN

Für die Nudeln

150 g Spaghetti

Salz

Für das Gulasch

350 g Biohähnchenbrustfilet ohne Haut

1 EL Butter

Salz

schwarzer Pfeffer aus der Mühle

2 EL Tomatenmark

1 EL feiner Senf

150 g Sahne

Nährwerte pro Portion: 729 kcal
F 30 g • KH 61 g • EW 53 g

Für die Nudeln die **Spaghetti** in **Salzwasser** nach Packungsanweisung al dente kochen. • Währenddessen für das Gulasch das **Hähnchenbrustfilet** in Streifen oder kleine Würfel schneiden. **Butter** in einer Pfanne aufschäumen und das Hähnchenbrustfleisch darin unter gelegentlichem Rühren 2–3 Minuten anbraten. • Mit **Salz** und **Pfeffer** würzen, **Tomatenmark** zugeben und kurz anrösten. **Senf** hinzufügen, mit **Sahne** ablöschen und aufkochen. Die Hitze reduzieren und das Hähnchenrahmgulasch 1–2 Minuten sanft weiterköcheln lassen, bis das Fleisch gar ist. Nochmals mit **Salz** und **Pfeffer** abschmecken. • Die Spaghetti abgießen, tropfnass auf zwei tiefe Teller verteilen und das Hähnchenrahmgulasch darübergeben.

Käse-Omelett mit Aprikosen

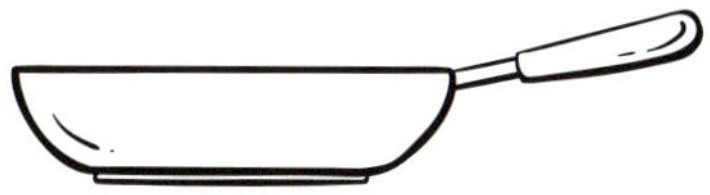

10–15 Minuten

FÜR 2 PERSONEN

8 große Bioeier
Salz
schwarzer Pfeffer aus der Mühle
4 frische Aprikosen (alternativ TK-Produkt oder Konserve)
100 g Gouda oder Bergkäse
2 EL Butter
1–2 Prisen Zucker

Nährwerte pro Portion: 739 kcal
F 55 g • KH 9 g • EW 49 g

Die **Eier** aufschlagen und gut mit etwas **Salz** und **Pfeffer** verquirlen. • **Aprikosen** waschen, entsteinen und in kleine Würfel schneiden. Den **Käse** reiben. • 1 EL **Butter** in einer beschichteten Pfanne aufschäumen. Die Hälfte der Aprikosenwürfel darin anschwitzen und mit **Salz, Pfeffer** und **Zucker** würzen. Dann mit der Hälfte der verquirlten Eier übergießen, kurz verrühren und leicht stocken lassen. • Dann 50 g geriebenen Käse darüberstreuen, das Omelett zur Hälfte überklappen und fertig stocken lassen. Auf die gleiche Weise mit den restlichen Zutaten das zweite Omelett braten – oder gleich mit zwei Pfannen arbeiten. • Je ein Käse-Omelett auf einen Teller gleiten lassen und servieren.

Info Perfekt geeignet für die „Schlank geht auch anders"-Challenge.

Gebratene Petersilienkartoffeln mit Speck

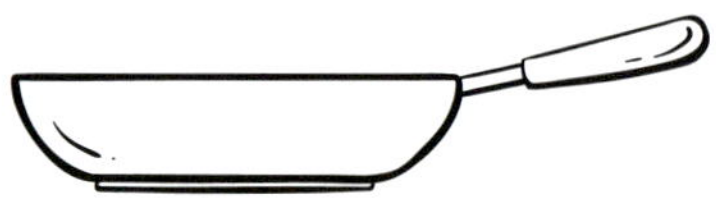

15 Minuten

FÜR 2 PERSONEN

500 g sehr kleine Kartoffeln (Drillinge)

Salz

3 EL kalte Butter

120 g gewürfelter geräucherter Bauchspeck

1 Bund glatte Petersilie

schwarzer Pfeffer aus der Mühle

Nährwerte pro Portion: 499 kcal
F 29 g • KH 41 g • EW 16 g

Kartoffeln schälen und in **Salzwasser** weich kochen. • Währenddessen 2 ½ EL **Butter** in einer Pfanne aufschäumen. Die **Speckwürfel** darin unter gelegentlichem Wenden langsam braten. • Kartoffeln abgießen, in die Pfanne geben, gut durchschwenken und kurz mitbraten. • **Petersilie** waschen, trocken schütteln, hacken und hinzugeben. Restliche kalte **Butter** dazugeben, nochmals gut durchschwenken und mit **Salz** und **Pfeffer** abschmecken.

Tipp Das Rezept funktioniert auch prima mit gegarten Kartoffeln vom Vortag. Diese in der Speckbutter langsam braten, bis sie gut durcherhitzt sind.

Süßer Semmelschmarren

8–10 Minuten
+ ca. 10 Minuten Gratinierzeit

FÜR 2 PERSONEN

4 helle Brötchen vom Vortag

2 Bioeier

100 g Sahne

1 EL Zucker

1 EL Butter

Nährwerte pro Portion: 632 kcal
F 28 g • KH 74 g • EW 20 g

Den Backofen auf Grillstufe vorheizen. ● **Brötchen** in kleine Würfel schneiden. **Eier, Sahne** und **Zucker** mit dem Stabmixer glatt mixen. ● **Butter** in einer ofenfesten Pfanne aufschäumen und die Brötchen darin 1–2 Minuten anrösten. ● Dann mit der Eiermilch übergießen, die Pfanne in den vorgeheizten Ofen schieben und etwa 10 Minuten gratinieren. ● Den süßen Semmelschmarren auseinanderzupfen, auf zwei Teller verteilen und servieren.

Tipp Dazu passt Apfelmus, Obstkompott oder einfach nur Zimtzucker.

TO GO

JEDERZEIT STARTKLAR:
KÖSTLICHES FÜR UNTERWEGS

Knuspriger Brotsalat mit Thunfisch

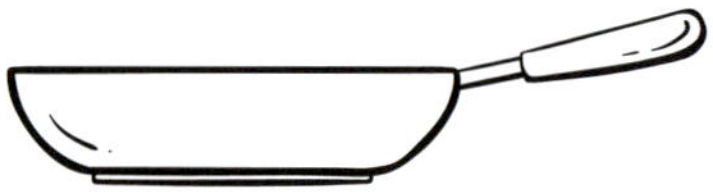

15 Minuten

FÜR 2 PERSONEN

280 g Brot nach Belieben
(z. B. Ciabatta oder Graubrot)
1 ½ EL Butter
Salz
schwarzer Pfeffer aus der Mühle
100 g rote Zwiebeln
1 rote Spitzpaprika
125 g Scamorza oder Mozzarella
1 Dose (150 g) Thunfisch in Lake
3 EL heller Balsamico-Essig
1 TL feiner Senf
2 EL Olivenöl
1 Prise Zucker

Nährwerte pro Portion: 797 kcal
F 34 g • KH 73 g • EW 46 g

Das **Brot** in Würfel schneiden. **Butter** in einer beschichteten Pfanne aufschäumen und die Brotwürfel darin mit etwas **Salz** und **Pfeffer** bei mittlerer Hitze unter gelegentlichem Wenden langsam und sehr knusprig braten. • Währenddessen die **Zwiebeln** schälen und in Spalten schneiden. **Spitzpaprika** waschen, entkernen und würfeln. Den **Scamorza** ebenfalls würfeln. **Thunfisch** abgießen, zerpflücken und alles in eine Schüssel geben. • **Essig, Senf** und **Öl** verrühren und mit **Salz, Pfeffer** und **Zucker** abschmecken. • Die knusprigen Brotwürfel zum Salat in die Schüssel geben, mit der Vinaigrette übergießen und gut vermengen.

Hummus mit Melone und Schafskäse

8–10 Minuten

FÜR 2 PERSONEN

1 Dose (400 g) Kichererbsen

4 EL heller Balsamico-Essig

5 EL Olivenöl

2 EL Tahin (Sesampaste)

Saft von 1 Zitrone

Salz

schwarzer Pfeffer aus der Mühle

300 g Wassermelonenfleisch

100 g Schafsmilch-Feta

Nährwerte pro Portion: 762 kcal
F 53 g • KH 43 g • EW 23 g

Die **Kichererbsen** abgießen, unter fließendem Wasser abbrausen und in einen hohen Mixbecher geben. **Essig, Öl, Tahin** und **Zitronensaft** dazugeben und mit dem Stabmixer fein pürieren. Bei Bedarf etwas kaltes Wasser hinzufügen, bis ein cremiges Püree entsteht. Mit **Salz** und **Pfeffer** abschmecken. ● Die **Wassermelone** grob würfeln. ● Das Hummus in zwei große Gläser oder Lunchboxen füllen, die Melonenwürfel darübergeben und mit zerbröseltem **Feta** bestreuen.

Süßscharfes Kartoffel-Feta-Omelett

10 Minuten

+ 10–15 Minuten Garzeit

FÜR 2 PERSONEN

300 g festkochende Kartoffeln

Salz

5 Bioeier

½ Bund glatte Petersilie

1 EL Butter

schwarzer Pfeffer aus der Mühle

150 g Feta

4 EL süße Chilisauce (siehe Seite 108 oder Fertigprodukt)

Nährwerte pro Portion: 614 kcal

F 37 g • KH 33 g • EW 34 g

Tipp Noch besser wäre es, beide Omeletts gleichzeitig in zwei Pfannen zuzubereiten. Und noch schneller geht es mit gegarten Kartoffeln vom Vortag.

Info Perfekt geeignet für die „Schlank geht auch anders"-Challenge.

Kartoffeln schälen, in kleine Würfel schneiden und 5–6 Minuten in **Salzwasser** gar kochen. • Währenddessen die **Eier** in einer Schüssel verquirlen. Die **Petersilie** waschen, trocken schütteln und fein hacken. • **Butter** in einer beschichteten Pfanne aufschäumen. Die gegarten Kartoffeln gut abgießen und scharf anbraten. Mit **Salz** und **Pfeffer** würzen und die Hälfte davon aus der Pfanne nehmen. • 75 g **Feta** über die Kartoffelwürfel in die Pfanne bröseln und mit der Hälfte der verquirlten Eier übergießen. Sobald das Ei anfängt zu stocken, die Hälfte der Petersilie darüberstreuen und 2 EL **Chilisauce** darüberträufeln. Im Ganzen mit einem Kunststoffspatel an den Pfannenrand schieben, sodass ein Halbmond entsteht. Das Kartoffel-Feta-Omelett fertig stocken und auf einen Teller gleiten lassen. • Mit den restlichen Zutaten auf die gleiche Weise das zweite Omelett braten. – Schmeckt warm und kalt.

vegetarisch • glutenfrei

Gebratene Lachswürfel Orient-Style

7–8 Minuten

FÜR 2 PERSONEN

200 g Kichererbsen aus der Dose

300 g Lachsfilet ohne Haut

2 EL Butter

Saft von 1 Limette

5 Minzeblätter (alternativ 2–3 Stängel glatte Petersilie)

½ TL Ras el-Hanout (Gewürzmischung)

Salz

schwarzer Pfeffer aus der Mühle

Nährwerte pro Portion: 393 kcal
F 20 g • KH 16 g • EW 35 g

Die **Kichererbsen** unter fließendem Wasser abbrausen und abtropfen lassen. ● Das **Lachsfilet** in grobe Würfel schneiden. Die **Butter** in einer beschichteten Pfanne aufschäumen und die Lachswürfel darin kurz und scharf anbraten. Dann mit dem **Limettensaft** ablöschen. ● **Minze** in feine Streifen schneiden und dazugeben. **Ras el-Hanout** darüberstäuben und die Kichererbsen zufügen. Behutsam vermengen, mit **Salz** und **Pfeffer** abschmecken und in zwei Bowls oder Lunchboxen füllen.

Info Perfekt geeignet für die „Schlank geht auch anders“-Challenge.

glutenfrei

Couscous-Salat mit Avocado und Mango „Sweet Chili“

10 Minuten

vegetarisch • laktosefrei

FÜR 2 PERSONEN

100 g Couscous
1 große Prise Salz
1 EL Tomatenmark
3 EL heller Balsamico-Essig
1 reife Avocado
1 reife Mango
4 EL süße Chilisauce (siehe unten oder Fertigprodukt)
2 EL gehacktes Koriandergrün

Den **Couscous** in eine Schüssel geben. 150 ml Wasser mit **Salz, Tomatenmark** und **Essig** aufkochen, dann über den Couscous gießen und 8–9 Minuten quellen lassen. • Währenddessen die **Avocado** schälen, entkernen und würfeln. **Mango** schälen, das Fruchtfleisch vom Stein schneiden und ebenfalls würfeln. Alles mit der **Chilisauce** mischen und dann unter den Couscous heben. Zum Schluss mit **Koriandergrün** bestreuen.

Nährwerte pro Portion: 535 kcal (F 21 g • KH 75 g • EW 10 g)

Christians hausgemachte süße Chilisauce

15 Minuten

vegetarisch • laktosefrei • glutenfrei

FÜR 2 PERSONEN

30 g Ingwer
3 Knoblauchzehen
4 frische große rote Chilischoten (à ca. 20 g)
175 g reifes Mangofruchtfleisch
60 g brauner Zucker
2 EL Tomatenmark
25 ml weißer Essig
25 ml Limettensaft
1 TL Speisestärke, mit etwas Wasser angerührt
3 Kaffir-Limettenblätter
1 EL Speiseöl
Salz

Ingwer und **Knoblauchzehen** schälen und in feine Würfel schneiden. **Chilis** waschen, halbieren, entkernen und auch die weißen Trennwände entfernen, dann in feine Streifen schneiden. • Ingwer, Knoblauch und Chilistreifen in eine Pfanne geben und bei milder Hitze dünsten. • Inzwischen das **Mangofruchtfleisch** pürieren, mit den restlichen **Zutaten** und etwas **Salz** in die Pfanne geben, 300 ml Wasser zugießen und 5 Minuten bei kleiner Hitze köcheln lassen. • Die Kaffir-Limettenblätter entfernen und die Chilisauce mit **Salz** abschmecken. Warm in eine saubere Flasche abfüllen und gut verschließen. – Im Kühlschrank ist die Chilisauce etwa 3 Wochen haltbar.

Nährwerte pro Portion: 280 kcal (F 6 g • KH 53 g • EW 3 g)

Nährwerte pro 100 g: 124 kcal (F 3 g • KH 23 g • EW 1 g)

Tipps Vorsicht: Bei der Verarbeitung von scharfen Chilis nicht mit den Händen an die Augen kommen, denn das kann sehr brennen. – Falls man keine frischen Kaffir-Limettenblätter bekommt: Es gibt sie auch gefroren oder getrocknet zu kaufen.

Tomatennudeln mit Hackfleisch-Crumble

15 Minuten

FÜR 2 PERSONEN

Für die Nudeln

150 g Pasta (z. B. kleine Muschelnudeln oder Spaghetti)
Salz
1 rote Paprikaschote
1 TL Tomatenmark

Für den Crumble

1 EL Butter
250 g Hackfleisch (Rind- und Schweinefleisch gemischt)
1 TL frisch gehackte Rosmarinnadeln
2 EL Rosinen
Salz
schwarzer Pfeffer aus der Mühle

Nährwerte pro Portion: 643 kcal
F 27 g • KH 72 g • EW 36 g

Für die Nudeln die **Pasta** in **Salzwasser** nach Packungsanweisung al dente kochen. ● Während die Pasta kocht, für den Crumble die **Butter** in einer Pfanne aufschäumen und das **Hackfleisch** darin kräftig und krümelig braten. **Rosmarin** zugeben. **Rosinen** hacken, hinzufügen und gut mit **Salz** und **Pfeffer** abschmecken. ● Zwischendurch die **Paprikaschote** waschen, entkernen und klein würfeln. ● Die Nudeln abgießen, direkt mit dem **Tomatenmark** vermengen und die Paprikawürfel unterheben. ● Hackfleisch-Crumble über die fertigen Tomatennudeln geben und in zwei Bowls oder Lunchboxen füllen.

Lachsbrötchen Asia-Style

FÜR 2 PERSONEN

10 Minuten

1 Romana-Salatherz

2 große helle Brötchen

2 EL Mayonnaise

2 EL Teriyaki-Sauce

1 TL Tomatenmark

1 EL heller Balsamico-Essig

Salz

schwarzer Pfeffer aus der Mühle

250 g Stremellachs (heiß geräuchertes Lachsfilet; alternativ herkömmlicher Räucherlachs)

Nährwerte pro Portion: 618 kcal
F 35 g • KH 40 g • EW 35 g

Den **Salat** waschen, trocken schleudern und in Streifen schneiden. ● Die **Brötchen** halbieren und die Schnittflächen toasten. ● **Mayonnaise, Teriyaki-Sauce, Tomatenmark** und **Essig** zu einem Dressing verrühren und mit **Salz** und **Pfeffer** abschmecken. ● Den **Lachs** zerpflücken und mit dem Dressing vermengen. ● Den marinierten Lachs auf den unteren Brötchenhälften verteilen, mit den Salatstreifen bedecken und zum Schluss die oberen Brötchenhälften darauflegen.

Orangen-Karotten mit Granatapfel

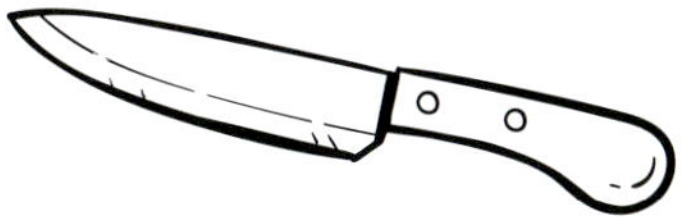

12–15 Minuten

FÜR 2 PERSONEN

300 g Karotten
1 Orange
4 EL Granatapfelkerne
100 g Feta
2 EL Crème fraîche
3 EL heller Balsamico-Essig
2 EL Pflanzenöl
Salz
schwarzer Pfeffer aus der Mühle
1 Prise Zucker

Nährwerte pro Portion: 455 kcal
F 28 g • KH 33 g • EW 12 g

Info Perfekt geeignet für die „Schlank geht auch anders"-Challenge.

Die **Karotten** schälen und grob raspeln. Von der **Orange** oben und unten eine Scheibe abschneiden, sodass sie eine Standfläche hat. Auf die Arbeitsfläche stellen und mit einem sehr scharfen Messer die Schale vorsichtig so dick abschneiden, dass die weiße Haut vollständig mit entfernt wird. Die Orange in die Hand nehmen und die Orangenfilets zwischen den Trennwänden herausschneiden, dabei den abtropfenden Saft auffangen und die übrig gebliebenen Trennwände gut ausdrücken. • Orangenfilets mit **Granatapfelkernen** zu den Karottenraspeln geben und den **Feta** darüberbröseln. • Orangensaft, **Crème fraîche, Essig** und **Öl** verrühren und mit **Salz, Pfeffer** und **Zucker** abschmecken. Das Orangendressing über den Salat träufeln und alles vermengen. In zwei Bowls oder Lunchboxen füllen.

Nudelsalat mit Avocado und Parmesanchip

15 Minuten

FÜR 2 PERSONEN

140 g kurze Röhren-Pasta
(z. B. Penne lisce, alternativ Fusilli)
Salz
60 g Parmesan am Stück
4 EL Crème fraîche
3 EL süße Chilisauce (siehe Seite 108 oder Fertigprodukt)
3 EL heller Balsamico-Essig
2 EL Olivenöl
schwarzer Pfeffer aus der Mühle
1 reife Avocado

Nährwerte pro Portion: 777 kcal
F 50 g • KH 60 g • EW 21 g

Die **Pasta** nach Packungsanweisung in **Salzwasser** al dente kochen, dann abgießen und kurz ausdampfen lassen. ● Währenddessen den **Parmesan** fein reiben. Eine beschichtete Pfanne erhitzen, den Käse gleichmäßig in der Pfanne verteilen und bei mittlerer Hitze goldbraun schmelzen lassen. Den Parmesanchip auf einen Teller gleiten und aushärten lassen. ● **Crème fraîche, Chilisauce, Essig** und **Öl** verrühren und mit **Salz** und **Pfeffer** abschmecken. Das Dressing über die noch lauwarme Pasta gießen und vermengen. ● Die **Avocado** schälen, entkernen, würfeln und unter den Nudelsalat heben. Zum Schluss den knusprigen Parmesanchip in Stücke brechen und darüberstreuen.

Gourmet-Schnitzelsemmel mit scharfer Mayo und Rucola

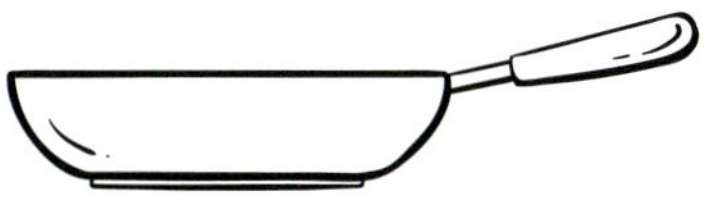

10–12 Minuten

FÜR 2 PERSONEN

2 Schweineschnitzel (à 140 g)
Salz
schwarzer Pfeffer aus der Mühle
2 EL Weizenmehl (Type 405)
1 EL Butter
1 EL Pflanzenöl
2 große Vollkornbrötchen
2 EL Mayonnaise
2 EL Mojo rojo (pikante kanarische Paprikasauce) aus dem Glas
1 Prise Zucker
1 Bund Rucola

Nährwerte pro Portion: 771 kcal
F 40 g • KH 49 g • EW 49 g

Die **Schweineschnitzel** flach klopfen, beidseitig mit **Salz** und **Pfeffer** würzen und im **Mehl** wenden. **Butter** und **Öl** in einer Pfanne erhitzen und die Schnitzel darin von beiden Seiten je 3 Minuten braten. ● Währenddessen die **Brötchen** halbieren und die Schnittflächen toasten. ● **Mayonnaise** und **Mojo rojo** verrühren und mit **Salz, Pfeffer** und **Zucker** pikant abschmecken. ● Den **Rucola** waschen, trocken schütteln und grob schneiden. Je 1 EL pikante Mayo auf die unteren Brötchenhälften streichen und mit Rucola belegen. Dann je ein Schnitzel darauflegen, die restliche Mayo daraufgeben und mit den oberen Brötchenhälften abschließen. – Schmeckt warm und kalt.

Hähnchensaté mit Asia-Krautsalat

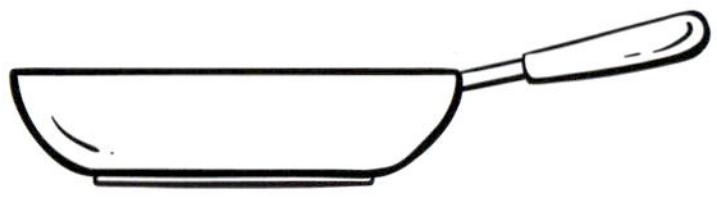

15 Minuten

FÜR 2 PERSONEN

Für das Saté

300 g Biohähnchenbrustfilet ohne Haut

100 g Zucchini

1 EL Butter

2 EL geröstetes Sesamöl

Salz

schwarzer Pfeffer aus der Mühle

Für den Krautsalat

½ Spitzkohl (ca. 300 g)

3 EL geröstetes Sesamöl

2 EL Mango-Chutney

3 EL heller Balsamico-Essig

Salz

schwarzer Pfeffer aus der Mühle

1 Prise Zucker

Nährwerte pro Portion: 513 kcal
F 28 g • KH 24 g • EW 39 g

Für das Saté das **Hähnchenbrustfilet** in 3–4 cm große Würfel schneiden und leicht plattieren. Die **Zucchini** waschen, würfeln und beides abwechselnd auf vier Spieße stecken. • **Butter** und **Sesamöl** in einer Pfanne erhitzen. Die Hähnchenspieße mit **Salz** und **Pfeffer** würzen und rundum braten, bis das Hähnchenfleisch durchgegart ist. • Inzwischen für den Krautsalat den **Spitzkohl** in feine Streifen schneiden. **Sesamöl, Mango-Chutney** und **Essig** verrühren, darüberträufeln und mit den Händen gut durchkneten. Mit **Salz, Pfeffer** und **Zucker** abschmecken. • Den Krautsalat in zwei Bowls oder Lunchboxen füllen und die Hähnchensatés darauflegen.

Info Perfekt geeignet für die „Schlank geht auch anders"-Challenge.

SANDWICHES, WRAPS UND CO.

PURER GENUSS AUF DIE HAND:
KLASSIKER MIT
ÜBERRASCHUNGSTWIST

Geröstetes Guacamole-Sandwich mit scharfer Salami

10 Minuten

FÜR 2 PERSONEN

4 große Scheiben Sandwich-Toastbrot
1 reife Avocado
2 EL Crème fraîche
1 TL feiner Senf
2 EL heller Balsamico-Essig
Salz
schwarzer Pfeffer aus der Mühle
1 Prise Zucker
120 g Chorizo in Scheiben oder andere scharfe Salami
4 dünne Scheiben Cheddar

Nährwerte pro Portion: 793 kcal
F 60 g • KH 27 g • EW 35 g

Info Perfekt geeignet für die „Schlank geht auch anders"-Challenge.

Die **Brotscheiben** toasten. • **Avocado** halbieren, entkernen und das Fruchtfleisch mit einem Löffel herauslösen. • **Crème fraîche, Senf** und **Essig** verrühren und mit **Salz, Pfeffer** und **Zucker** abschmecken. Das Avocadofruchtfleisch dazugeben, mit einer Gabel zerdrücken und zu einer Guacamole vermengen. • **Chorizo** in einer heißen Pfanne ohne Ölzugabe leicht anbraten. • Die Guacamole auf die gerösteten Toastbrotscheiben streichen. Chorizo und **Cheddar** darauf anrichten und je zwei belegte Toastbrotscheiben zu einem Sandwich zusammenklappen. Diagonal halbieren und genießen.

W PLACES

Coleslaw-Wrap mit Steakstreifen

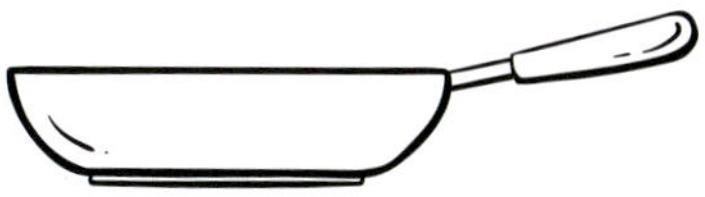

12 Minuten

FÜR 2 PERSONEN

Für Steak und Wrap

2 Rumpsteaks (à 160 g)

Salz

schwarzer Pfeffer aus der Mühle

2 EL Pflanzenöl

2 große Tortilla-Fladen

Für den Coleslaw

200 g Weißkohl

2 EL Mayonnaise

2 EL rotes Pesto aus dem Glas

3 EL heller Balsamico-Essig

1 EL Zucker

Salz

schwarzer Pfeffer aus der Mühle

Nährwerte pro Portion: 703 kcal

F 36 g • KH 47 g • EW 42 g

Den Backofen auf 90 °C Ober-/Unterhitze vorheizen. • **Rumpsteaks** beidseitig mit **Salz** und **Pfeffer** würzen. **Öl** in einer Pfanne erhitzen und das Fleisch darin von beiden Seiten je 2 Minuten scharf anbraten. Im vorgeheizten Ofen 4–5 Minuten ruhen lassen. • Währenddessen für den Coleslaw den **Weißkohl** vom Strunk befreien, in sehr feine Streifen schneiden oder hobeln und in eine Schüssel geben. **Mayonnaise, Pesto, Essig, Zucker,** etwas **Salz** und **Pfeffer** zugeben, mit den Händen kräftig durchkneten und nochmals abschmecken. • **Tortilla-Fladen** etwa 30 Sekunden in der Mikrowelle oder kurz im Backofen (90 °C) erwärmen. • Den Coleslaw auf den erwärmten Tortilla-Fladen verteilen. Die Rumpsteaks in Streifen schneiden und darauf verteilen. Zu Wraps aufrollen, dabei die Seitenränder etwas einschlagen. Dann jeweils quer in Hälften schneiden und genießen.

Überbackenes Tomaten-Ciabatta mit Parmaschinken

10 Minuten

+ ca. 5 Minuten Gratinierzeit

FÜR 2 PERSONEN

2 Ciabatta-Brötchen (à 80 g)
5 EL Olivenöl
2 reife Tomaten
Salz
schwarzer Pfeffer aus der Mühle
1 Knoblauchzehe
70 g Taleggio-Käse (alternativ Camembert)
100 g Parmaschinken in dünnen Scheiben

Nährwerte pro Portion: 624 kcal
F 50 g • KH 40 g • EW 15 g

Den Backofen auf Grillstufe vorheizen. • **Brötchen** aufschneiden. **Öl** in einer Pfanne erhitzen und die Schnittflächen der Brötchen darin goldbraun braten. • Inzwischen **Tomaten** waschen, die Stielansätze entfernen und Tomaten in kleine Würfel schneiden. Nur sehr leicht **salzen** und **pfeffern,** in ein Sieb geben und kurz abtropfen lassen. • Brötchen aus der Pfanne nehmen und kurz abkühlen lassen. **Knoblauchzehe** schälen und die knusprigen Brotschnittflächen damit kräftig einreiben. • Tomaten auf den Ciabatta-Hälften verteilen. **Taleggio** in Scheiben schneiden, darauflegen und im vorgeheizten Ofen etwa 5 Minuten gratinieren. • Herausnehmen und den **Parmaschinken** locker auf den Brötchen anrichten.

Warmer Käse-Wrap mit Honig und Salami

8 Minuten
+ ca. 5 Minuten Backzeit

FÜR 2 PERSONEN

2 große Tortilla-Fladen
120 g geriebener Käse (z. B. Gouda, Bergkäse, Cheddar)
2 EL flüssiger Honig
1 kleine Zwiebel
80 g Fenchelsalami in dünnen Scheiben oder andere italienische Salami

Nährwerte pro Portion: 688 kcal
F 26 g • KH 64 g • EW 31 g

Den Backofen auf Grillstufe vorheizen. ● **Tortilla-Fladen** nebeneinander auf ein Backblech legen (siehe Tipp). ● Den **Käse** auf den Tortilla-Fladen verteilen und mit dem **Honig** beträufeln. **Zwiebel** schälen, in feine Spalten schneiden und darüberstreuen. Dann die **Salamischeiben** grob zerzupfen und verteilen. ● Im vorgeheizten Ofen etwa 5 Minuten überbacken, bis der Käse schmilzt. Herausnehmen, zu je einem Wrap aufrollen und warm servieren.

Tipp Sollte der Platz auf dem Backblech nicht ausreichen, die Wraps nacheinander zubereiten.

Herzhafter Gyros-Toast

10 Minuten

FÜR 2 PERSONEN

250 g Schweinefilet

1 EL Gyros-Gewürzmischung

2 EL Pflanzenöl

4 große Scheiben Sandwich-Toastbrot

2 Tomaten

Salz

schwarzer Pfeffer aus der Mühle

80 g griechischer Joghurt Natur
(10 % Fett)

2 EL heller Balsamico-Essig

Nährwerte pro Portion: 438 kcal
F 19 g • KH 30 g • EW 36 g

Das **Schweinefilet** fein schnetzeln und mit der **Gyros-Gewürzmischung** vermengen. • **Öl** in einer beschichteten Pfanne erhitzen und das Fleisch darin scharf und unter gelegentlichem Rühren anbraten. Vom Herd nehmen und abgedeckt kurz ruhen lassen. • Die **Brotscheiben** toasten. • **Tomaten** waschen, die Stielansätze wegschneiden, Tomaten würfeln und mit **Salz** und **Pfeffer** würzen. • **Joghurt** mit **Essig** glatt rühren und mit **Salz** und **Pfeffer** abschmecken. • Das Gyros-Fleisch mit **Salz** und **Pfeffer** würzen und auf den Toastbrotscheiben verteilen. Tomaten darübergeben und mit dem Joghurt beträufeln.

Info Perfekt geeignet für die „Schlank geht auch anders"-Challenge.

Quesadillas mit Avocado und Hähnchen

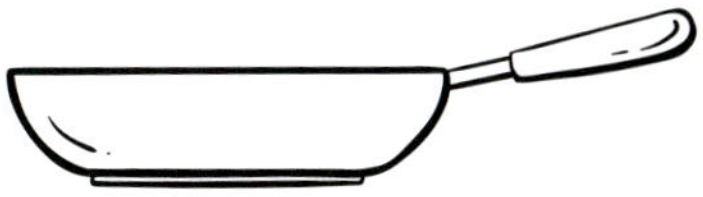

12 Minuten

FÜR 2 PERSONEN

150 g Biohähnchenbrustfilet ohne Haut

1 EL Pflanzenöl

Salz

schwarzer Pfeffer aus der Mühle

1 reife Avocado

1 frische rote Chilischote

4 kleine Maistortilla-Fladen

80 g Doppelrahm-Frischkäse

Nährwerte pro Portion: 523 kcal
F 35 g • KH 4 g • EW 25 g

Info Perfekt geeignet für die „Schlank geht auch anders"-Challenge.

Das **Hähnchenbrustfilet** fein schnetzeln. **Öl** in einer beschichteten Pfanne erhitzen und das Fleisch darin 5 Minuten unter gelegentlichem Rühren kräftig anbraten. Mit **Salz** und **Pfeffer** würzen. • Inzwischen die **Avocado** schälen, entkernen und das Fruchtfleisch in kleine Würfel oder Scheiben schneiden. **Chilischote** waschen, entkernen und in feine Röllchen schneiden. • Die **Maistortilla-Fladen** etwa 30 Sekunden in der Mikrowelle erwärmen (alternativ im vorgeheizten Ofen bei 90 °C Ober-/Unterhitze). • **Frischkäse** auf die warmen Fladen streichen, Avocado und Chili darauf verteilen, dann das Hähnchen darübergeben und zusammenklappen. Quesadillas in Viertel schneiden und servieren.

Tipp Nach Belieben zusätzlich etwas geriebenen Cheddar über das Fleisch streuen, im Backofen (Grillfunktion) kurz überbacken und dann zusammenklappen.

glutenfrei

Käse-Tacos mit Hackfleisch

10 Minuten

FÜR 2 PERSONEN

1 TL Pflanzenöl
250 g Hackfleisch (Rind- und Schweinefleisch gemischt)
Salz
schwarzer Pfeffer aus der Mühle
100 g Kidneybohnen aus der Dose
1 EL Tomatenmark
8 Taco Shells (Ø 15 cm) aus der Feinkostabteilung
100 g geriebener Cheddar oder Gouda
2 EL Ajvar

Nährwerte pro Portion: 800 kcal
F 51 g • KH 40 g • EW 45 g

Öl in einer beschichteten Pfanne erhitzen und das **Hackfleisch** darin scharf anbraten. Mit **Salz** und **Pfeffer** würzen und 5–6 Minuten unter häufigem Rühren krümelig braten. • **Kidneybohnen** unter fließendem Wasser abbrausen und hinzugeben. **Tomatenmark** einrühren und mit **Salz** und **Pfeffer** abschmecken. • Inzwischen die **Taco Shells** in der Mikrowelle oder im Backofen laut Packungsanweisung einige Minuten erwärmen. • Die warmen Taco Shells mit der Hackfleischmischung füllen. Geriebenen **Cheddar** darauf verteilen und je einen kleinen Klecks **Ajvar** daraufsetzen.

Info Taco Shells sind knusprige, zu Schalen geformte mexikanische Tortillas aus Maismehl.

laktosefrei • glutenfrei

Mein Caesar-Sandwich

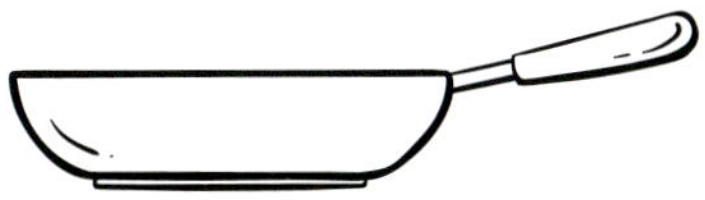

10–12 Minuten

FÜR 2 PERSONEN

200 g Biohähnchenbrustfilet ohne Haut
Salz
schwarzer Pfeffer aus der Mühle
1 EL Pflanzenöl
10 Scheiben Bacon (Frühstücksspeck)
2 EL Mayonnaise
1 TL Tomatenmark
1 TL feiner Senf
1 EL heller Balsamico-Essig
2 große Scheiben Tramezzone (Tramezzino-Brot)
1–2 Handvoll in Streifen geschnittener Eisbergsalat

Nährwerte pro Portion: 588 kcal
F 33 g • KH 34 g • EW 38 g

Das **Hähnchenbrustfilet** rundum mit **Salz** und **Pfeffer** würzen. **Öl** in einer großen beschichteten Pfanne erhitzen und das Fleisch darin von beiden Seiten je 4 Minuten braten, bis es durchgegart ist. Herausnehmen. • **Bacon** in derselben Pfanne ebenfalls beidseitig knusprig ausbraten und auf Küchenpapier abtropfen lassen. • **Mayonnaise, Tomatenmark, Senf** und **Essig** verrühren, mit **Salz** und **Pfeffer** würzen und auf die **Brotscheiben** streichen. • Die Hähnchenbrust in Scheiben schneiden. • Eine Brotscheibe mit Hähnchen und Bacon belegen. **Salatstreifen** darüber verteilen und die zweite Brotscheibe mit der bestrichenen Seite nach unten auflegen. Leicht zusammendrücken, in vier Dreiecke schneiden und servieren.

Info Italienischer Tramezzone ähnelt Toastbrot, ist aber weicher und feiner und hat keine Rinde. • Perfekt geeignet für die „Schlank geht auch anders"-Challenge.

SALATE, BOWLS UND CO.

KNUSPRIG, CREMIG, KNACKIG, FRISCH –
BUNTE POWER AUS DER SCHÜSSEL

Brezel-Bowl mit Beefstreifen und Eisbergsalat

15 Minuten

FÜR 2 PERSONEN

Für Fleisch und Brezeln

2 Rumpsteaks (à 160 g)

Salz

schwarzer Pfeffer aus der Mühle

1 EL Butter

1 EL Pflanzenöl

2 Brezeln vom Vortag (à ca. 70 g)

Für den Salat

4 hart gekochte Bioeier

2 EL Mayonnaise

1 EL Tomatenmark

1 TL feiner Senf

Salz

½ Eisbergsalat

Nährwerte pro Portion: 779 kcal
F 40 g • KH 44 g • EW 57 g

Den Backofen auf 90 °C Ober-/Unterhitze vorheizen. ● Für das Fleisch die **Rumpsteaks** beidseitig mit **Salz** und **Pfeffer** würzen. ½ EL **Butter** und **Öl** in einer Pfanne erhitzen und das Fleisch darin von beiden Seiten je 2–3 Minuten sehr scharf anbraten. Aus der Pfanne nehmen und im Backofen ruhen lassen. ● **Brezeln** in Scheiben schneiden. Dieselbe Pfanne erneut erhitzen, restliche **Butter** hinzugeben und die Brezeln darin knusprig braten. ● Inzwischen für den Salat die **Eier** pellen und hacken. **Mayonnaise, Tomatenmark** und **Senf** glatt rühren und mit den Eiern vermengen. Mit **Salz** abschmecken. ● **Eisbergsalat** waschen, trocken schleudern, in Streifen schneiden und locker in zwei große Bowls füllen. Die Rumpsteaks in Streifen schneiden und mit den Brezeln darauf anrichten. Rundherum die Eiersauce verteilen.

Avocado-Ananas-Salat mit pochiertem Ei

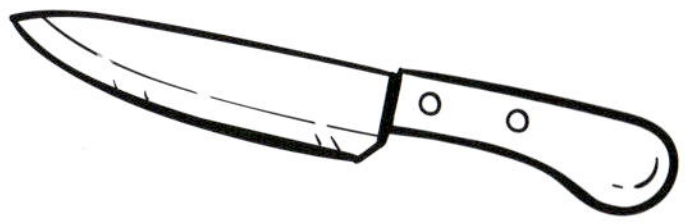

10–12 Minuten

FÜR 2 PERSONEN

Für den Salat

¼ reife Ananas

2 reife Avocados

120 g Kirschtomaten

Saft von 1 Limette

2 EL Olivenöl

Salz

schwarzer Pfeffer aus der Mühle

Für die pochierten Eier

8 EL heller Essig

½ TL Salz

4 große Bioeier

Nährwerte pro Portion: 703 kcal

F 61 g • KH 16 g • EW 21 g

Für den Salat die **Ananas** schälen, vom Strunk befreien und würfeln. **Avocados** schälen, entkernen und ebenfalls würfeln. **Kirschtomaten** waschen und halbieren. Alles in eine Schüssel geben und mit **Limettensaft** beträufeln. **Öl** dazugeben, mit **Salz** und **Pfeffer** würzen und behutsam vermengen. ● Für die pochierten Eier in einem breiten Topf 1 l Wasser mit **Essig** und **Salz** aufkochen. Die **Eier** einzeln in Tassen schlagen und dann in das siedende Wasser gleiten lassen. Das Wasser nicht mehr kochen lassen und die Eier 6 Minuten pochieren. ● Den Avocado-Ananas-Salat auf zwei Bowls verteilen und die pochierten Eier darauf platzieren.

Info Perfekt geeignet für die „Schlank geht auch anders"-Challenge.

vegetarisch • laktosefrei • glutenfrei

Meine Nizza-Bowl

15 Minuten

FÜR 2 PERSONEN

4 Bioeier

200 g grüne Bohnen

Salz

150 g Weißbrot vom Vortag

1 EL Butter

5 EL Olivenöl

schwarzer Pfeffer aus der Mühle

2 Romana-Salatherzen

1 Dose (150 g) Thunfisch in Öl

1 EL Tomatenmark

4 EL heller Balsamico-Essig

1 Prise Zucker

Nährwerte pro Portion: 797 kcal
F 48 g • KH 47 g • EW 40 g

Die **Eier** hart kochen, abschrecken, pellen und vierteln. ● Inzwischen die **Bohnen** putzen und in **Salzwasser** 2–3 Minuten bissfest blanchieren. Dann abgießen und in kaltem Wasser abschrecken. ● **Weißbrot** in Würfel schneiden. **Butter** und 2 EL **Öl** in einer Pfanne erhitzen, Brotwürfel dazugeben, mit **Salz** und **Pfeffer** würzen und langsam unter gelegentlichem Wenden knusprig braten. ● **Salatherzen** waschen, trocken schleudern, grob in Stücke schneiden und in eine große Schüssel geben. **Thunfisch** kurz abtropfen lassen und darüber verteilen. Bohnen, Eier und geröstetes Brot hinzugeben. ● **Tomatenmark, Essig** und restliches **Öl** verrühren und mit **Salz, Pfeffer** und **Zucker** abschmecken. Das Dressing über den Salat träufeln, behutsam vermengen, dann auf zwei Bowls verteilen und servieren.

Cremige Kartoffel-Parmesan-Suppe mit Garnelen

FÜR 2 PERSONEN

15 Minuten

150 g mehligkochende Kartoffeln
Salz
120 g Champignons
2 EL Butter
100 g Sahne
100 ml Gemüsebrühe
80 g Parmesan am Stück
schwarzer Pfeffer aus der Mühle
230 g geschälte rohe TK-Garnelen, aufgetaut

Nährwerte pro Portion: 535 kcal
F 36 g • KH 14 g • EW 39 g

Kartoffeln schälen, klein würfeln und in **Salzwasser** gar kochen, dann abgießen. ● Währenddessen die **Champignons** putzen und in einem Topf in 1 EL **Butter** anbraten. Die Hälfte davon herausnehmen und warm halten. ● **Sahne** und **Gemüsebrühe** in den Topf gießen und die Kartoffeln hineinpressen. Den **Parmesan** reiben und dazugeben. Die Suppenmischung mit dem Stabmixer kurz pürieren und mit **Salz** und **Pfeffer** abschmecken. ● Restliche **Butter** in einer Pfanne aufschäumen, **Garnelen** darin beidseitig anbraten und mit **Salz** und **Pfeffer** würzen. ● Die Suppe in zwei Bowls füllen, gebratene Champignons und Garnelen einlegen.

Info Perfekt geeignet für die „Schlank geht auch anders"-Challenge.

glutenfrei

Thai-Papayasalat mit Limette, Sprossen und Hähnchen

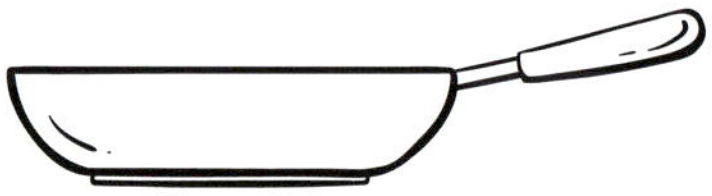

10–12 Minuten

FÜR 2 PERSONEN

Für das Fleisch

250 g Biohähnchenbrustfilet ohne Haut
Salz
schwarzer Pfeffer aus der Mühle
2 EL Weizenmehl (Type 405)
1 EL Butter
1 EL Pflanzenöl

Für den Salat

1 größere reife Papaya
1 Handvoll frische Mungobohnensprossen
1 Biolimette
4 EL süße Chilisauce (siehe Seite 108 oder Fertigprodukt)
2 EL Pflanzenöl
Salz
schwarzer Pfeffer aus der Mühle

Nährwerte pro Portion: 422 kcal
F 19 g • KH 28 g • EW 32 g

Für das Fleisch das **Hähnchenbrustfilet** würfeln, mit **Salz** und **Pfeffer** würzen und im **Mehl** wenden. **Butter** und **Öl** in einer Pfanne erhitzen und das Fleisch darin rundum unter gelegentlichem Wenden braten, bis es durchgegart ist. • Inzwischen für den Salat die **Papaya** halbieren, entkernen, schälen, würfeln und in eine Schüssel geben. **Sprossen** waschen, abtropfen lassen und hinzugeben. • Die Schale der **Limette** fein abreiben und den Saft auspressen. Beides mit **Chilisauce** und **Öl** verrühren und mit **Salz** und **Pfeffer** abschmecken. Das Dressing über den Papayasalat träufeln und vermengen. • Papayasalat in zwei Bowls füllen und mit den gebratenen Hähnchenwürfeln toppen.

Info Perfekt geeignet für die „Schlank geht auch anders"-Challenge.

Eiersalat mit Hüttenkäse und Couscous

15 Minuten

FÜR 2 PERSONEN

Für den Couscous

150 g Couscous

½ TL Salz

2 EL heller Balsamico-Essig

1 kleines Bund glatte Petersilie

Für den Eiersalat

5 Bioeier

200 g Hüttenkäse (körniger Frischkäse)

2 EL Feigensenf

Salz

schwarzer Pfeffer aus der Mühle

Nährwerte pro Portion: 617 kcal

F 21 g • KH 63 g • EW 42 g

Den **Couscous** in eine kleine Schüssel geben. 200 ml Wasser mit **Salz** und **Essig** aufkochen, über den Couscous gießen und 8–9 Minuten quellen lassen. ● Inzwischen für den Eiersalat die **Eier** hart kochen, in kaltem Wasser abschrecken, pellen und klein hacken. ● **Hüttenkäse** mit **Feigensenf** verrühren und mit **Salz** und **Pfeffer** würzen. Dann die gehackten Eier untermengen und nochmals abschmecken. ● Den gequollenen Couscous mit einer Gabel auflockern. **Petersilie** waschen, grob hacken und untermengen. ● Den Couscous auf zwei Bowls verteilen, den Eiersalat darübergeben und servieren.

Kichererbsensalat mit Schafskäse und Rucola

10 Minuten

FÜR 2 PERSONEN

1 Dose (400 g) Kichererbsen

1 Bund Rucola

4 EL heller Balsamico-Essig

4 EL Olivenöl

½ TL Zucker

1 EL Harissapaste (alternativ rote Chilipaste)

Salz

3 EL Granatapfelkerne

200 g Schafsmilch-Feta

Nährwerte pro Portion: 646 kcal
F 46 g • KH 29 g • EW 26 g

Die **Kichererbsen** abgießen und unter fließendem Wasser abbrausen. Dann in einen Topf geben, mit frischem Wasser auffüllen und einmal aufkochen. Abgießen und kurz abtropfen lassen. • Inzwischen den **Rucola** waschen und trocken schleudern. • **Essig, Öl, Zucker** und **Harissapaste** verrühren und mit **Salz** abschmecken. **Granatapfelkerne** und zerbröselten **Feta** dazugeben. Dann die abgetropften und noch warmen Kichererbsen hinzufügen und behutsam vermengen. • Den Kichererbsensalat auf zwei Bowls verteilen und darauf reichlich Rucola anrichten.

Info Perfekt geeignet für die „Schlank geht auch anders"-Challenge.

vegetarisch • glutenfrei

Eisberg-Bowl mit Honig-Bacon und weichem Ei

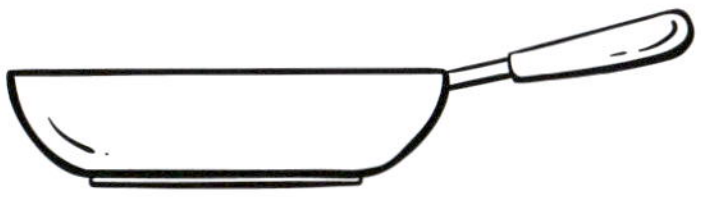

10–12 Minuten

FÜR 2 PERSONEN

5 Bioeier
200 g gekochter, geräucherter Bauchspeck (Wammerl) in 2-mm-Scheiben
1 EL Butter
2 EL flüssiger Honig
½ Eisbergsalat
3 EL heller Balsamico-Essig
1 EL feiner Senf
Salz
schwarzer Pfeffer aus der Mühle
1 Prise Zucker
3 EL Olivenöl

Nährwerte pro Portion: 783 kcal
F 60 g • KH 20 g • EW 39 g

Die **Eier** 6–8 Minuten kochen, in kaltem Wasser abschrecken und pellen. • Inzwischen den **Bauchspeck** in 3–4 cm große Rechtecke schneiden. Die **Butter** in einer beschichteten Pfanne aufschäumen und den Bauchspeck darin von jeder Seite 3 Minuten kräftig anbraten. Den **Honig** darüberträufeln, kurz karamellisieren lassen und vom Herd nehmen. • **Eisbergsalat** waschen, trocken schleudern, in grobe Streifen schneiden und in eine Schüssel geben. **Essig, Senf,** etwas **Salz, Pfeffer, Zucker** und **Öl** verrühren. Die Vinaigrette über den Eisbergsalat geben und vermengen • Auf zwei Bowls verteilen und dann den Honig-Bacon darauf anrichten. Die innen noch weichen Eier in Stücke schneiden, dazugeben und genießen.

Info Perfekt geeignet für die „Schlank geht auch anders"-Challenge.

glutenfrei

AUS DEM BACKOFEN

HERZHAFTE KÖSTLICHKEITEN – UND MEHR ZEIT FÜR ANDERE DINGE

Ofen-Spaghetti mit Feta

8 Minuten

+ 10 Minuten Backzeit

FÜR 2 PERSONEN

300 g gekochte Spaghetti vom Vortag

150 g Kirschtomaten

100 g Feta

5 EL Olivenöl

1 Bund Rucola

Salz

schwarzer Pfeffer aus der Mühle

Nährwerte pro Portion: 610 kcal

F 38 g • KH 49 g • EW 18 g

Den Backofen auf Grillstufe vorheizen. ● Die **Spaghetti** mit kochend heißem Wasser überbrühen, kurz ziehen lassen, abgießen und in eine Auflaufform füllen. ● Währenddessen die **Kirschtomaten** waschen und halbieren, den **Feta** würfeln. Beides mit dem **Öl** zu den heißen Spaghetti geben, vermengen und im vorgeheizten Ofen 10 Minuten überbacken. ● Inzwischen den **Rucola** waschen, trocken schütteln und grob in Stücke schneiden. ● Die Form aus dem Backofen nehmen, die Spaghetti mit zwei Löffeln gut durchmischen und mit **Salz** und **Pfeffer** abschmecken. Den Rucola darüber verteilen.

Tipp Dieses Rezept bietet eine schöne Gelegenheit, übrig gebliebene Nudeln zu verwerten. Die Spaghetti können natürlich auch frisch gekocht werden – diese dann unbedingt tropfnass und heiß weiterverarbeiten.

Süßkartoffeltaler BBQ-Style

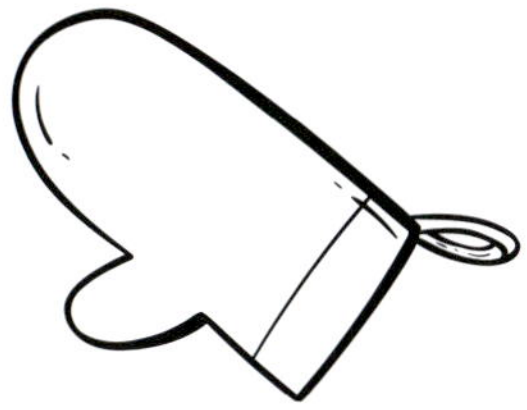

15 Minuten

+ 8–10 Minuten Gratinierzeit

FÜR 2 PERSONEN

2 mittelgroße Süßkartoffeln

1 EL Weizenmehl (Type 405)

2 EL Olivenöl

100 g Cheddar

120 g Kidneybohnen aus der Dose

120 g Maiskörner aus der Dose

70 g Hüttenkäse (körniger Frischkäse)

2 EL heller Balsamico-Essig

Salz

schwarzer Pfeffer aus der Mühle

frisch gehackte glatte Petersilie zum Garnieren (nach Belieben)

Nährwerte pro Portion: 800 kcal

F 31 g • KH 94 g • EW 30 g

Den Backofen auf Grillstufe vorheizen. ● Die **Süßkartoffeln** schälen, in 1 cm dicke Scheiben schneiden und von beiden Seiten mit **Mehl** bestäuben. **Öl** in einer Pfanne erhitzen und die Süßkartoffeln darin von beiden Seiten kurz anbraten. ● Währenddessen den **Cheddar** reiben. **Kidneybohnen** und **Maiskörner** unter fließendem Wasser abbrausen. Dann mit Cheddar und **Hüttenkäse** vermengen und mit **Essig, Salz** und **Pfeffer** abschmecken. ● Die Süßkartoffeltaler nebeneinander in eine große Auflaufform legen. Die Bohnen-Mais-Käse-Mischung daraufsetzen und im vorgeheizten Ofen 8–10 Minuten gratinieren. ● Herausnehmen, nach Belieben mit **Petersilie** garnieren und servieren.

Gratinierte Lachs-Avocado mit Eigelb

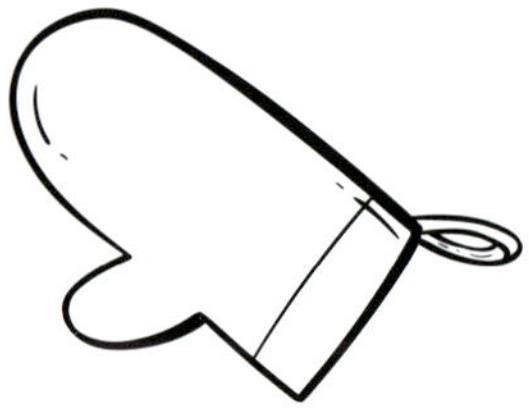

12–15 Minuten
+ ca. 10 Minuten Gratinierzeit

FÜR 2 PERSONEN

2 große reife Avocados
100 g Räucherlachs
1 EL Doppelrahm-Frischkäse
2 EL geriebener Käse (z. B. Gouda oder Bergkäse)
Salz
schwarzer Pfeffer aus der Mühle
4 Bioeier

Nährwerte pro Portion: 785 kcal
F 73 g • KH 2 g • EW 33 g

Den Backofen auf Grillstufe vorheizen. • Die **Avocados** halbieren, entkernen und das Fruchtfleisch mit einem Löffel herausnehmen, ohne dabei die Schale zu verletzen. • Avocadofruchtfleisch und **Räucherlachs** würfeln, dann alles mit **Frischkäse** und **geriebenem Käse** vermengen und mit **Salz** und **Pfeffer** würzen. Die Avocado-Räucherlachs-Mischung in die leeren Avocadoschalen füllen und in eine kleine Auflaufform setzen. • Mittig je eine Mulde in die Füllung drücken. **Eier** trennen und jeweils ein Eigelb in die Mulden geben. • Die gefüllten Avocadoschalen im vorgeheizten Ofen etwa 10 Minuten gratinieren.

Tipp Übriges Eiweiß anderweitig verwenden, es hält sich im Kühlschrank ohne Weiteres 1–2 Tage.

Info Perfekt geeignet für die „Schlank geht auch anders"-Challenge.

Gourmethappen mit Bergkäse und Schweinefilet

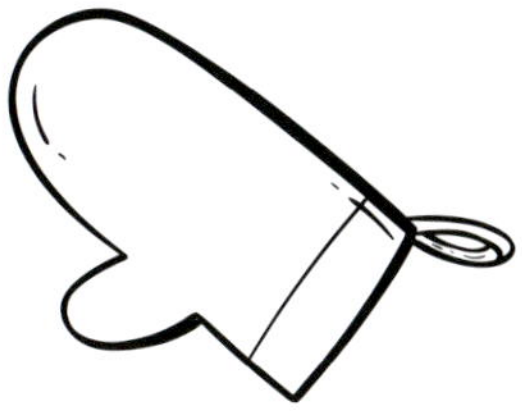

12 Minuten

+ 8–10 Minuten Gratinierzeit

FÜR 2 PERSONEN

3 EL kalte Butter

2 große Scheiben Bauernbrot

Salz

schwarzer Pfeffer aus der Mühle

80 g Bergkäse

2 EL Preiselbeeren aus dem Glas

200 g Schweinefilet

1 kleines Bund Frühlingszwiebeln

Nährwerte pro Portion: 582 kcal

F 27 g • KH 44 g • EW 38 g

Den Backofen auf Grillstufe vorheizen. ● 1 EL **Butter** in einer ofenfesten Pfanne aufschäumen und die **Brotscheiben** darin von beiden Seiten anrösten. Dann leicht mit **Salz** und **Pfeffer** würzen. ● Inzwischen den **Käse** reiben. ● Die gerösteten Brote mit **Preiselbeeren** bestreichen und mit Käse bestreuen. ● Das **Schweinefilet** in 2 cm dicke Scheiben schneiden, leicht plattieren und mit **Salz** und **Pfeffer** würzen. Die Filetscheiben auf den Broten verteilen und die restliche **Butter** in Flöckchen daraufgeben. ● Die Brote zurück in die Pfanne setzen und im vorgeheizten Ofen 8–10 Minuten überbacken. ● Währenddessen die **Frühlingszwiebeln** putzen und in feine Röllchen schneiden. ● Die Gourmethappen auf zwei Teller setzen und mit den Frühlingszwiebeln bestreuen.

Lachsgratin „Teriyaki“ mit Cashewkruste

5–7 Minuten

+ ca. 8 Minuten Gratinierzeit

FÜR 2 PERSONEN

2 Lachsfilets ohne Haut (à 160 g)

Salz

60 g Cashewkerne

2 EL Panko-Brösel oder Semmelbrösel

3 EL frisch geriebener Parmesan

1 EL weiche Butter

schwarzer Pfeffer aus der Mühle

80 ml Teriyaki-Sauce

Nährwerte pro Portion: 588 kcal

F 32 g • KH 31 g • EW 43 g

Den Backofen auf Grillstufe vorheizen. ● **Lachsfilets** quer halbieren und mit **Salz** würzen. ● Die **Cashewkerne** fein hacken, mit **Panko-Bröseln** und **Parmesan** vermischen. Die **Butter** dazugeben, mit **Salz** und **Pfeffer** würzen, alles gut vermengen, gleichmäßig auf dem Lachs verteilen und leicht andrücken. ● Die **Teriyaki-Sauce** in einer ofenfesten Pfanne einmal aufkochen. Den Lachs mit der Cashewmischung oben hineinsetzen, die Pfanne in den vorgeheizten Ofen auf die oberste Schiene schieben und etwa 8 Minuten gratinieren. ● Lachsgratin auf zwei Teller geben und servieren.

Tipp Dazu passt knuspriges Baguette oder Bauernbrot sehr gut.

Info Perfekt geeignet für die „Schlank geht auch anders“-Challenge.

Überbackenes Kassler mit Gorgonzola und Spinat

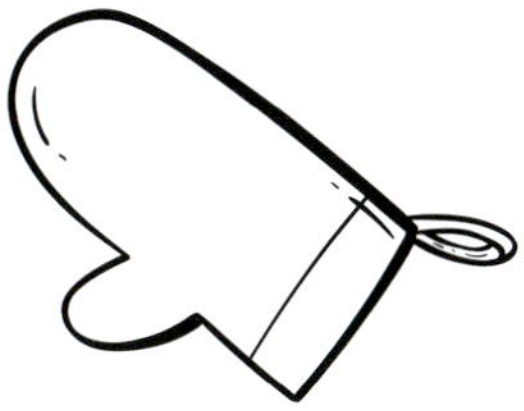

15 Minuten
+ 8–10 Minuten Gratinierzeit

FÜR 2 PERSONEN

120 g frischer Babyspinat
1 EL Butter
2 Scheiben Kassler (à 170 g)
100 g Sahne
Salz
schwarzer Pfeffer aus der Mühle
2 EL Preiselbeeren aus dem Glas
50 g Gorgonzola

Nährwerte pro Portion: 539 kcal
F 34 g • KH 17 g • EW 47 g

Den Backofen auf Grillstufe vorheizen. ● **Spinat** waschen und abtropfen lassen. ● **Butter** in einer Pfanne aufschäumen und die **Kasslerscheiben** darin von beiden Seiten kurz anbraten. Herausnehmen. ● Die **Sahne** in die Pfanne gießen und aufkochen. Dann den Spinat zugeben, zusammenfallen lassen und mit **Salz** und **Pfeffer** würzen. Den Pfanneninhalt in eine kleine Auflaufform geben. ● Kasslerscheiben auf das Spinatbett setzen, mit **Preiselbeeren** und **Gorgonzolastücken** belegen und im vorgeheizten Ofen 8–10 Minuten gratinieren. ● Überbackenen Kassler und Spinat auf zwei Teller geben und genießen.

Info Perfekt geeignet für die „Schlank geht auch anders“-Challenge.

glutenfrei

Knuspriges Forellenfilet mit Mascarpone-Erbsen

8 Minuten

+ 8–10 Minuten Gratinierzeit

FÜR 2 PERSONEN

40 g Parmesan

100 g Mascarpone

300 g TK-Erbsen, aufgetaut

Salz

schwarzer Pfeffer aus der Mühle

2 Forellenfilets ohne Haut (à 150 g)

60 g Mandelblättchen

1 EL kalte Butter

Nährwerte pro Portion: 794 kcal

F 51 g • KH 23 g • EW 56 g

Den Backofen auf Grillstufe vorheizen. • **Parmesan** reiben, dann mit **Mascarpone** und **Erbsen** in einer ofenfesten Pfanne aufkochen. Mit **Salz** und **Pfeffer** würzen. • **Forellenfilets** beidseitig **salzen** und auf die Mascarpone-Erbsen legen. **Mandelblättchen** auf dem Fisch verteilen und mit **Butterflocken** belegen. Pfanne in den vorgeheizten Ofen schieben und 8–10 Minuten gratinieren. • Die Mascarpone-Erbsen auf zwei Teller verteilen und dann je ein knuspriges Forellenfilet darauf anrichten.

Info Perfekt geeignet für die „Schlank geht auch anders"-Challenge.

Ofen-Ciabatta mit Bresaola, Tomaten und Käse

5 Minuten

+ 8–10 Minuten Gratinierzeit

FÜR 2 PERSONEN

1 großes Ciabatta

120 g Kirschtomaten

80 g Taleggio-Käse

2 EL Kräuterbutter

120 g Bresaola in dünnen Scheiben
(alternativ italienische Salami)

Nährwerte pro Portion: 646 kcal
F 20 g • KH 70 g • EW 44 g

Den Backofen auf Grillstufe vorheizen. ● Das **Ciabatta** längs halbieren und die weiche Brotkrume etwas herauskratzen. ● **Kirschtomaten** waschen und halbieren. **Taleggio** klein schneiden. ● Die Ciabatta-Schnittflächen mit **Kräuterbutter** bestreichen. Dann mit **Bresaola,** Kirschtomaten, Brotkrumen und Käse belegen, auf ein Backblech geben und im vorgeheizten Ofen 8–10 Minuten gratinieren.

Ofen-Fischfilet mit Champignonbutter

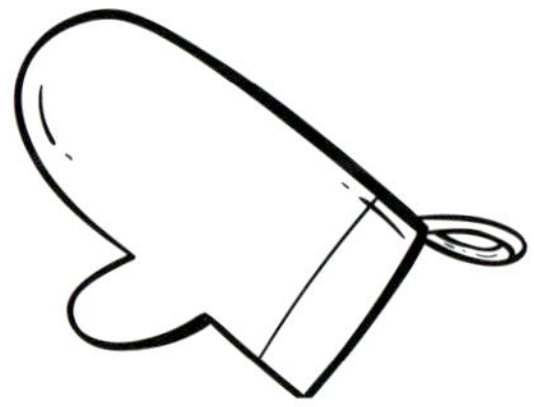

12 Minuten

+ 8–10 Minuten Gratinierzeit

FÜR 2 PERSONEN

2 Fischfilets ohne Haut (à 160 g; z. B. Seelachs, Zander, Lachs)
Salz
schwarzer Pfeffer aus der Mühle
200 g Champignons
2 Knoblauchzehen
100 g Bacon (Frühstücksspeck)
2 EL Kräuterbutter

Nährwerte pro Portion: 359 kcal
F 21 g • KH 3 g • EW 42 g

Den Backofen auf Grillstufe vorheizen. ● Die **Fischfilets** quer halbieren, leicht mit **Salz** und **Pfeffer** würzen. ● **Champignons** putzen und vierteln. **Knoblauchzehen** schälen und in feine Scheiben schneiden. **Bacon** würfeln. ● **Kräuterbutter** in einer ofenfesten Pfanne aufschäumen, Champignons, Knoblauch und Bacon darin kurz und kräftig anbraten. Den Fisch mit hineinlegen, die Pfanne in den vorgeheizten Ofen schieben und 8–10 Minuten gratinieren. ● Ofenfilets auf zwei Teller verteilen und die Champignon-Bacon-Butter darübergeben.

Tipp Dazu passt Ciabatta oder ein anderes Brot nach Wahl.

Info Perfekt geeignet für die „Schlank geht auch anders"-Challenge.

Der Einkaufs- und Ernährungsassistent für unsere Kochbücher

Abschreiben oder Abfotografieren war gestern Rezepte aus unseren Kochbüchern lassen sich kostenlos auf www.mengenrechner.de an die Personenzahl und individuelle Portionsgrößen anpassen und als E-Mail auf dein Smartphone schicken oder gleich dort aufrufen. Zutaten lassen sich streichen, neue Zutaten ergänzen.

Rezept- und Zutatenfilter Suche zum Beispiel nach veganen, vegetarischen, glutenfreien, laktosefreien oder nach Rezepten mit Zutaten, die du noch vorrätig hast. Speichere deine Lieblingsrezepte und Einkaufslisten.

Persönlicher Ernährungsassistent Sortiere Rezepte nach Kalorien, Kohlenhydraten, Fett- oder Eiweißgehalt. Berechne wissenschaftlich deinen täglichen Kalorienbedarf und -verbrauch. Lege Maximalwerte für Kalorien- oder Kohlenhydrataufnahme fest. Führe Tagesprotokolle mit Nährwertbilanz.

ABSPANN

Zutatenregister

F

G

H

K

S

T

W

Z

Rezeptregister

ALPHABETISCH

Rezeptregister

REZEPTE MIT FISCH ODER MEERESFRÜCHTEN

REZEPTE MIT FLEISCH ODER WURST

VEGETARISCHE REZEPTE

Mein Dank

Die Arbeit an diesem Buch war eine große Freude, denn ich liebe gutes Essen und mag es, meine Familie und Freunde zu verwöhnen. Und das am besten mit wenig Zeitaufwand.

Dieses Buch ist, wie ich glaube, richtig gut gelungen – weil sich alle an diesem Buch Beteiligten von meiner Begeisterung haben anstecken lassen und voller Tatendrang mitgearbeitet haben. Allen, die an diesem Buchprojekt beteiligt waren, möchte ich herzlich danken:

meiner gesamten Familie, denn die Zeit, in der ein neues Kochbuch entsteht, ist immer eine besondere Herausforderung für uns alle. Vielen Dank für eure unermüdliche Unterstützung und Geduld! Eure Kritik und euer Lob beim gemeinsamen Essen der neuen Kreationen sind mir besonders wichtig.

Nadja Scholder, meiner persönlichen Assistentin. Wenn es jemanden gibt, der am Rande des Wahnsinns arbeitet, dann ist sie es. Sie ist meistens die Erste, die meine unablässig sprudelnden Ideen zu hören bekommt und diese am Ende nach meinen Vorstellungen umsetzt. Mit ihrem Organisations- und Managementtalent hält sie mir den Rücken frei und gibt mir Zeit für Kreativität.

Hubertus Schüler, Food-Fotograf. Er ist ein echter Künstler hinter der Kamera. Ich bin wieder total begeistert von den genialen Food-Fotos. Ein herzlicher Dank, dass er auch für dieses Buch wieder die Arbeit übernommen hat.

Danke auch an **Kay Johannsen.** Von ihm stammen die People-Fotos in diesem Buch. Er hat bei unserem Shooting kaum eine Sekunde die Kamera aus der Hand gelegt und war immer auf der Suche nach dem perfekten Moment.

Danke, **Irmi Rumberger.** Sie hat meine Rezeptideen und handschriftlichen Notizen wieder zu Papier gebracht und lesbare Rezepte geschaffen.

Auch möchte ich **Şebnem Yavuz** wieder für die hervorragende Lektoratsarbeit danken. Ihre fachliche Kompetenz bei der Prüfung der Rezepte hat die Zusammenarbeit erneut sehr unkompliziert gestaltet.

Dank des Verlags

Ein ganz besonderer Dank geht an das Team vom Becker Joest Volk Verlag, allen voran **Ralf Joest** und **Johanna Hänichen.**

Danke für die kreative und unermüdliche Zusammenarbeit mit **Anne Krause** für das Layout und **Valerie Mayer** für das Projektmanagement.

Last, but not least, danke ich **meinem Team, meiner Familie** und **allen Freunden,** die meine Rezepte zur Probe gekocht und mich mit ihrem Feedback und ihrer konstruktiven Kritik mit Rat und Tat unterstützt haben.

Herzlichen Dank an Christian Henze für die intensive und erfolgreiche Zusammenarbeit! Solch herausragende Rezepte, die einem schon beim Lesen das Wasser im Mund zusammenlaufen lassen, für noch weniger Zeitaufwand zu entwickeln, ist eine Kunst. Danke für die großartigen Food-Fotos an Hubertus Schüler sowie an Benedikt Obermeier für die Fotoassistenz und an Stefan Mungenast für das Foodstyling. Vielen Dank an Kay Johannsen für die gelungenen People-Fotos. Philine Anastasopoulos, danke für die Nährwertrecherchen. Und ein herzlicher Dank an Şebnem Yavuz für das Rezeptlektorat und an Doreen Köstler für das Schlusslektorat.

Der Verlag dankt allen, die zum Gelingen dieses Buches beigetragen haben. Für ihre unermüdlichen Bemühungen um die außerordentliche Qualität danken wir unseren Mitarbeiterinnen Anne Krause, Valerie Mayer, Ellen Schlüter, Katerina Stegemann, Annika Steinacker und Alexandra Janik.

Weitere Bücher von Christian Henze

Auch als E-Book erhältlich

SCHLANK GEHT AUCH ANDERS **Ganz entspannt zur Wunschfigur**
216 Seiten • 102 Fotos • Format 21 × 27 cm • 26,00 EUR (D), 26,80 EUR (A) • ISBN 978-3-95453-188-2

FEIERABEND-BLITZREZEPTE **Wenig Aufwand, viel Genuss**
192 Seiten • 76 Fotos • Format 21 × 27 cm • 22,00 EUR (D), 22,70 EUR (A) • ISBN 978-3-95453-162-2

LAUF DICH FIT – DAS KOCHBUCH **Gesünder und schlanker mit dem LAUF10!-Sport- und Ernährungsprogramm**
176 Seiten • 74 Fotos • Format 19 × 24 cm • 19,95 EUR (D), 20,60 EUR (A) • ISBN 978-3-95453-165-3

MEIN ALLGÄU-KOCHBUCH **Einfach, ehrlich und authentisch: die besten Rezepte meiner Heimat**
168 Seiten • 68 Fotos • Format 21 × 27 cm • 26,00 EUR (D), 26,80 EUR (A) • ISBN 978-3-95453-190-5

SCHLANK GEHT AUCH ANDERS
Honigmelone mit gebratenem Parmaschinken

Avocadobrot mit pochiertem Ei

Hähnchen-Nuggets mit Mandelsalsa

FEIERABEND-BLITZREZEPTE
Chicken Fingers mit Asia-Spargel

Süßkartoffelragout BBQ-Style

Avocadosalat mit Tomaten und Cashewkernen

LAUF DICH FIT – DAS KOCHBUCH
Burger mit Beef und Jalapeño-Quarkcreme

Pappardelle mit Feigen, Gorgonzola und Rucola

Melonensalat mit Schafskäse und Limonenöl

MEIN ALLGÄU-KOCHBUCH
Zwiebelrostbraten mit Kässpatzen

Knusprige Schweinshaxe mit Krautsalat

Wurstsalat mit Käse und roten Zwiebeln

Impressum

BECKER JOEST VOLK VERLAG
www.bjvv.de

mdr
www.mdr.de

Originalausgabe
Becker Joest Volk Verlag GmbH & Co. KG
Bahnhofsallee 5, 40721 Hilden, Deutschland

3. Auflage Januar 2022

ISBN 978-3-95453-227-8

Autor: Christian Henze
Food-Fotografie: Hubertus Schüler
Food-Fotografie-Assistenz: Benedikt Obermeier
Foodstyling: Stefan Mungenast
Porträts: Kay Johannsen
Projektleitung: Johanna Hänichen
Leitung Grafik: Dipl.-Des. Justyna Schwertner
Typografische Konzeption, Covergestaltung und Layout:
Dipl.-Des. Anne Krause
Bildbearbeitung: Ellen Schlüter und Makro Chroma Joest & Volk
GmbH & Co. KG, Werbeagentur, Benedikt Obermeier
Fachlektorat Rezepte: Şebnem Yavuz
Koordination Fachlektorat: Valerie Mayer
Nährwertberechnung: Philine Anastasopoulos
Lektorat: Doreen Köstler
Druck: Firmengruppe Appl, aprinta druck GmbH

WWW.MENGENRECHNER.DE
kcal
UNSER KOSTENLOSER SERVICE FÜR SIE

Ausführliche Infos
Seite 178